존 스튜어트 밀의 사회주의론

John Stuart Mill, Socialism(1879), Reprinted from the Fortnightly Review, Chicago: Belfords, Clarke.

시민 교양 신서 02

존 스튜어트 밀의
사회주의론

존 스튜어트 밀 지음
정홍섭 옮김

도서출판

차례

1장
들어가는 말

1장: 들어가는 말

오늘날 세계에서 거의 가장 강력한 나라이고 머지않아 논란의 여지 없이 그렇게 될 대서양 저편 위대한 나라에서 성년 남자 선거권이 보편화되었다. 이것은 1848년 이후 프랑스가 갖춘 정치적 자격이기도 하고, 독일 연방도 이 나라를 이루는 일곱 주 모두가 해당하지는 않지만 이 자격에 도달했다. 영국에서는 선거권이 아직 아주 광범하게 확장되어 있지는 않지만, 최근의 선거법 개정법(Reform Act)[1]이 이른바 헌법이 허용하는 범위 안에서, 주급으로 생활하는 아주 많은 수의 사람들에게 선거권을 부여했기 때문에, 이들이 하

---

1 선거법 개정법(Reform Act): 1832년의 개정으로 선거권이 확대되어 신흥 도시에 의석이 주어졌고, 2차 개정(1867년)으로 도시 노동자에게 선거권이 주어졌으며, 3차 개정(1884년)으로 농업·광산 노동자도 유권자가 되었다. 따라서 여기서는 제2차 개정법을 말한다. -역주

나의 계급으로 함께 행동하고, 어떤 공통의 목적을 위해 우리의 현존 제도가 그들에게 부여하는 선거권 전체를 행사하기로 하자마자, 그리고 그럴 때마다, 이들은 입법에 대해 완전한 지배력은 아니라 할지라도 아주 큰 영향력을 발휘하게 될 것이다. 이제 이들은 고위층 사람들이 쓰는 말로, 그야말로 나라에 이해관계를 갖고 있지 않은 계급이다. 물론 이들은 나라의 번영에 자신들이 일용할 양식을 의존하기 때문에 실제로는 가장 큰 이해관계를 가지고 있다. 그러나 이들은 재산 그 자체의 유지를 위해, 적어도 반칙으로 얻는 재산의 유지를 위해, 자기 자신의 어떤 독특한 이익에 (우리는 그것을 매수당하는 것이라고 부를 수도 있을 텐데) 몰두하지 않는다. 그들의 힘이 미치는 한, 또는 이제부터 미칠 수 있게 되는 한, 재산에 관한 법률은 정부를 통제하는 사람들의 마음을 움직이는 단순한 사적 동기가 아니라 대중의 본성에 관한 고려, 공공 복지에 그들이 기여하는 정도에 대한 평가에 의해 유지해야 한다.

내 생각에는 이 변화의 위대함을 최근의 합법적 개혁에 반대한 사람들이나 그것을 이루어 낸 사람들 모두가 아직까지 결코 완전히 실현하지 못했다. 사실을 말하자면, 정치 변화의 경향에 관한 영국인들의 인식은 최근에 약간 무뎌졌다. 영국인들은 아주 많은 변화를 목격했고, 이 변화로부터 전망에서만은 나쁜 기대와 좋은 기대를 모두 엄청나게 품었지만, 실제로 나타난 결과는 어느 쪽이건 예상했던 것에 한참 못 미치는 것으로 보였기 때문에, 마치 기대를 충족하지 못하는 것이 정치 변화의 본성이라고 느끼게 되었고, 그러한 변화가 폭력 혁명 없이 벌어지면 나라의 관습으로 되어 있는 것들의 방향에 실제로는 별다르게 또는 영구히 영향을 미치지는 못한다고 거의 무의식적으로 믿는 습관이 생겼다. 그러나 이것은 과거나 미래를 피상적으로 보는 것일 뿐이다. 지난 두 세대 동안의 다양한 개혁은 적어도 예견했던 것만큼이나 중요한 결과 면에서 성과가 있었다. 그 예견은 종종 결과의 갑작스러움을, 때로는 결과의 종류조차도 잘 알아맞히지 못하는 것이었다. 우리는 가톨릭교도 해방령이 아일랜드를 잠잠하게 만들거나 아일랜드가 영국 법규를 받아들이게 할 것이라고 믿은 사람들의 헛된 기대를 비웃었다. 1832년 선거법 개정법의 시행 10년 막바지에 이 법이 모든 중요한 실제 불만의 원인을 없앨 것이라거나 보통선거로 들어가는 문을 열었다고 여진히 생각하고 있던 사람은 기의 없었다. 그러나 그 뒤 25년 동안 이 법을 더 시행해 보고 나서야 이 법이 간접적으로 작용해서 얻은 큰 발전의 지평

이 열렸는데, 그것은 직접적 작용보다 훨씬 더 중요한 것이다. 역사에서 갑작스러운 결과는 보통 그 영향이 미미하다. 미래 사건의 뿌리 속으로 깊이 파고들어 가는 원인이 그 결과 가운데 가장 중대한 부분을 아주 서서히 만들어 내기 때문에, 시간을 두고 그 원인이 익숙한 기존 제도의 일부가 되고 나서야 그 원인이 만들어 내는 변화에 뭇사람의 관심이 쏠린다. 변화가 명백해지면, 대충 관찰하는 사람들에게는 그 변화가 그 원인과 연관된 특이한 방식을 통해 보이지 않는 일이 종종 있기 때문이다. 새로운 정치적 사실이 더 나중에 낳는 결과는 그 결과가 이전에 평가된 적이 있는 경우를 제외하고는, 그 결과가 나타나는 당시에 이해되는 일이 거의 없다.

지금 하는 시의적절한 평가는, 1867년 선거법 개정법에 의한 우리의 제도로 이루어진 변화의 경향에 관해 특히 쉽게 할 수 있다. 이 법이 노동계급의 손에 쥐어 준 크게 높아진 선거 권력은 영구적인 것이다. 이제까지 노동계급이 선거 권력을 아주 제한되게 사용하도록 만든 상황은 본질적으로 일시적인 것이다. 법을 가장 무시하는 사람들조차, 노동계급을 노동계급으로 만드는 데 영향을 미치는 정치적 목적, 다른 강력한 계급의 이익이나 견해가 자신들의 이익이나 견해에 반대된다고 옳든 그르든 믿게 만드는 정치적 목적을 노동계급이 가지고 있다는 사실을 알고 있다. 이 목적을 추구하는 데 많은 것들이 선거 조직의 부족에 의해, 노동계급 내부의 알력에 의해, 또는 그들이 아직까지 자신들의 바람을 충분히 명확한 현실적 형태로 만들지 못한 것에 의해 현재로서는 지체될 수 있다 할지라도, 정치의 모든 것이 그럴 수 있는 것과 마찬가지로 그들 집단의 목적을 옹호하는 데 중요한 자기 집단의 선거 권력을 만드는 수단을 머지않아 찾게 될 것이다. 또한 그들이 그렇게 할 때에는, 그것은 합법적이고 합헌적인 기관을 사용하는 데 익숙지 않은 사람들의 무질서하고 비효율적인 방식으로 이루어지지는 않을 것이고, 단순한 평등화 본능의 충동에 의한 것이 아닐 것이다. 그 수단은 언론, 공개 회의와 공공조합, 노동계급의 정치적 목적에 충성하겠다고 맹세한 아주 많은 사람들의 의회로의 복귀가 될 것이다. 그 정치적 목적은 분명한 정치 원리에 의해 결정될 것이다. 왜냐하면 정치는 이제 노동계급의 관점을 통해 연구되고 있고, 노동계급의 특별한 이익으로 표현된 견해는 이전 사상가들이 정교하게 만들어 놓은 체제와 마찬가지의 권리에 의해 그 정치철학의 연단 위에 한 자리를 요구하는 체제와 신념으로 조직화되고 있기 때문이다. 성찰하는 사람이라면 모두가 이러한 대중의 정치 신조가 될 법한 것이 무엇인지 처음부터 고찰하고, 그들이 쓴 모든 논문 하나하나를 가장 충분한 조사 연구와 토론을 통해 검토하여, 가능하다면, 시간이 무르익었을 때 보편적 동의를 통해 그 가운데 옳은 것은 무엇이든 채택하고 그른 것은 거부하여, 오래된 것과 새로운 것이 물리적으로건 도덕적으로건 적대하여 충돌하지 않도록 양자의 가장 좋은 부분들을 혁신된 사회구조 속에서 결합하는 것이 가장 중요하다. 물리적 폭력에 영향 받지 않는 이러한 위대한 사회 변화의 정상 속도는 변화된 인간 사회의 상태에 사회제도를 적응시키는 것이 지혜로운 예견의 작업이 될지 또는 적대적 편견들 간의 충돌이 될지에 따라 약 한 세대 차이가 생길 수 있다. 만일 위대한 질문들이 무지한 변화와 변화에 대해 무지한 반대 사이의 싸움에 내맡겨진다면, 인류의 미래는 심각한 위험에 처하게 될 것이다.

그래서 지금 필요한 토론은 현존하는 사회의 최우선 원칙까지 짚어 보는 토론이다. 이전 세대들에 의해 이론의 여지가 없는 것으로 여겨졌던 기본 원리들이 지금은 다시 시험대에 놓여 있다. 지금 시대까지는 사색을 깊이 하는 몇몇 저자들에 의한 것 말고는 과거로부터 전해 내려온 모양의 재산제도에 진지하게 의문을 제기한 경우가 없었는데, 언제나 과거의 갈등은 존재하는 재산제도에 이해관계가 있는 계급들 사이의 갈등이었기 때문이다. 이런 방식으로 더 계속해 나가는 것은 불가능하다. 자기 소유 재산이 거의 없고 공공의 이익인 한에서만 제도에 관심을 갖고 있는 계급들이 이 토론에 참여한다면, 그들은 어떤 것도 당연한 것으로 받아들이지 않을 것이다. 즉 사유재산의 원칙, 노동계급의 처지에서 생각하는 많은 논증자들이 부정하는 합법성과 공리성을 분명히 당연하게 받아들이지 않을 것이다. 노동계급은 이 문제의 모든 부분을 근본에서부터 다시 고찰하고, 재산제도 없이 지내자는 모든 제안과 노동계급의 이익에 호의적으로 보이면서도 재산제도를 수정하는 모든 방식을 이 문제가 지금 상태 그대로 유지되어야 한다고 결정하기 전에 아주 충분히 고찰하고 토론하자고 분명히 요구할 것이다. 이 나라(영국)에 관한 한, 노동계급의 성향이 아직까지는 재산제도의 특정 지엽적 부분에 대해서만 적대적인 모습을 보이고 있다. 그들 가운에 많은 사람이 계약의 자유로부터 임금문제를 빼내기를 바라는데, 이것은 사유재산의 통상적 권한 중 하나이기 때문이다. 그들 가운데 열망이 더 큰 사람들은 토지가 사유화에 더 적합한 주제라는 것을 부정하고,

15

국가가 토지를 되찾아야 한다는 선동을 시작했다. 몇몇 선동가의 연설에서는 이 주장과 더불어 그들이 고리대금업이라 부르는 것에 대한 규탄이 나타나는데, 그들이 그 이름으로써 말하고자 하는 것의 정의는 전혀 제시하지 않는다. 또한 이 외침은 국내에서 시작된 것이 아니라, 노동 의회(Labor Congress)와 국제 협회(International Society), 그리고 돈에 대한 모든 이익에 반대하며 노동을 제외하고 재산으로부터 얻어 내는 모든 형태의 수입의 합법성을 부정하는 대륙 사회주의자들을 통해 최근 시작된 교류에 의해 촉발된 것으로 보인다. 이 주의가 아직까지 영국에 널리 퍼져 있다는 징후는 보이지 않고 있지만, 불신을 조장하는 대신에 크고 일반적인 이론과 방대한 약속의 계획이, 이 주의가 지닌 인기의 본질인 여러 외국에는 널리 뿌려져 있는 이런 종류의 씨앗을 받아들일 만한 토양은 잘 마련되어 있다. 가장 넓은 의미의 반(反)재산주의가 큰 노동자 단체들을 그 주위로 결집시킨 나라들이 바로 프랑스와 독일과 스위스다. 이 나라들에서는 노동계급의 이익을 통해 사회를 개혁하겠다는 목표를 지닌 거의 모든 사람들이 사회주의자임을 자처하고 있는데, 이 호칭은 그 때문에 아주 다양한 성격의 계획이 이해되기도 하고 혼동되지도 하지만, 사유재산 제도의 폐지에 접

근하는 일반적 방식을 적어도 개조하는 것을 뜻하는 말이다. 또한 영국에서조차 노동계급의 더 저명하고 활동적인 지도자들은 대개 개인 신조 면에서는 이 교단 또는 저 교단의 사회주의자라는 사실을 아마 알 수 있을 것이다. 비록 그들이 대부분 영국 정치인들처럼, 인간의 근본 사상의 위대하고도 영구적인 변화가 **기습**(coup de main)에 의해 성취될 수 없다는 것을 대륙의 형제들보다 더 잘 알고 있으면서도, 더 쉽게 도달할 수 있는 것처럼 보이는 목표를 향해 자신들의 실제 노력을 바치고 일부분에서 그 원칙을 적용하는 경험을 해 볼 때까지는 모든 극단적 이론을 억제하는 데 만족하지만 말이다. 영국인들이 대개 그런 것처럼, 이러한 것이 영국 노동계급의 성격으로 지속되는 한, 냉철한 스위스에서조차 후속 사업이 되어야 할 재건은 될 대로 되게 내버려 둔 채 단순한 전복으로, 그리고 정부를 포함한 모든 것의 파괴뿐만 아니라 소유자의 손에서 빼앗는 온갖 종류의 모든 재산을 보편적 혜택에 사용하는 것 또한 의미하는 전복으로 시작하는 데 만족한다고 선언하고 있는 일부 외국 사회주의자들의 부모한 극단적 행동으로 영국 노동계급이 돌진할 것 같지는 않다. 그러나 어떤 방식을 택할지를 나중에는 충분히 여유 있게 결정할 수 있을 것이라고 영국 노동계급은 말한다.

　뇌샤텔[2]에서 발간되는 한 협회의 기관지인 대중 신문(《연대(La Solidarité)》)이 천명한 이 주의는 이 시대의 가장 진기한 징후 중 하나다. 제네바와 바젤에서 열린 회의에 파견된 대표들이 그곳에서 보여 준 바대로 현실적 상식의 가장 큰 부분에 많은 기여를 한 영국 노동계급 지도자들은, 오래된 것을 밀어낸 빈자리에 어떤 형태의 사회가 세워져야 하는지에 관해 아무 의견도 내지 않은 채 일부러 무정부 상태에서 출발할 것 같지는 않다. 그러나 그들이 제안하는 것은 모두가 사유재산 이론과 사회주의 이론이라는 두 가지 경쟁 이론을 미리 살펴본 것을 토대로 하여 감정된 재산이자 보편적 사고방식에 확신을 주기 위해 만들어진 평가 근거일 뿐이라 할지라도, 이 두 가지 경쟁 이론 중 하나가 토론의 전제 대부분을 제공할 것임에 틀림없다. 그러므로 우리가 이런 부류의 의문들의 세부 사항에 관해 효과적으로 토론할 수 있으려면, 사회주의에 의해 제기된 일반적 의문들을 그 토대로부터 검토하는 것이 바람직하다. 또한 이 검토는 아무런 적대적 편견 없이 이루어져야 한다. 재산에 관한 법률

---

2 뇌샤텔(Neuchatel): 스위스 서부의 주(도). -역주

을 옹호하는 주장이 그 법률을 태곳적부터의 관습과 개인의 이익이라는 이중의 위세로 떠받드는 사람들에게는 아무리 논박 불가능한 것이라 할지라도, 정치에 관해 사색하기 시작한 노동자가 그 법률을 아주 다른 관점에서 보는 것만큼 자연스러운 일은 없다. 오랜 투쟁 뒤에 자기들에게는 적어도 순수하게 정치적 권리라는 분야에서 더 이상의 진보를 이룰 수 없을 정도의 지점에 몇몇 나라가 도달했고 다른 나라들은 거의 도달했다면, '성인 남자' 가운데 덜 운이 좋은 계급이 진보를 거기서 멈춰야 할지 말지를 스스로에게 묻지 말아야 한다는 것이 가능한 일일까? 이제까지 이루어진 모든 것, 그리고 시민권의 확장으로 이루어질 것으로 보이는 모든 것에도 불구하고, 소수 사람들은 큰 부자로 태어나고 많은 사람들은 그와 대조적으로 더 불쾌감만을 주는 가난뱅이로 태어난다. 대다수가 더는 법의 힘에 속박되거나 좌우되는 것이 아니라 빈곤의 힘에 속박되거나 좌우된다. 그들은 여전히 한 장소에, 한 직업에, 그리고 고용인의 의지에 순응하도록 묶여 있고, 다른 사람들은 불모의 시대와 상관없이, 그리고 노력 없이도 불려받는 즐거운 일과 정신적이고 도덕적인 이점 두 가지 모두를, 자신의 우연한 태생 때문에 금지당한다. 이것은 인류가 이제까지 투쟁한 거의 모든 것과 맞먹는 악이라고 가난한 이들이 믿는 것은 잘못된 일이 아니다. 이것이 필요악일까? 그들은 그러한 고통을 느끼지 못하는 사람들, 즉 인생의 도박에서 상을 탄 사람들에게 '그렇다'는 말을 듣는다. 그러나 노예제도가, 폭정이, 소수 독재정치가 필요하다는 말 역시 한 이들이 있었다. 일부는 권력자들의 호감을 통해 얻어 내고, 일부는 권력자들의 두려움을 통해 강탈하고, 일부는 돈을 주고 사거나, 아니면 다른 분파와 다투고 있는 권력자 중 한 분파를 지원한 대가로 얻어서 가난한 계급이 밟아 온 모든 연속된 진보는 미리부터 그 진보를 반대하는 가장 강한 편견에 직면했다. 그러나 그들이 획득한 것은 종속 계급이 얻은 권력의 징후이자 그들 계급이 더 많은 것을 획득할 수 있는 수단이었다. 따라서 그것은 권력에 부여되는 존중에 그 계급이 어느 정도 동참하게 만들었고, 자신들과 관련된 사회에 관한 신조 면에서 그 동참에 상응하는 변화가 일어났다. 자신들이 획득에 성공하는 이점은 무엇이든 자신들이 당연히 받아야 할 것으로 생각하게 된 반면에, 자신들이 아직 성취하지 못한 것은 여전히 무가치한 것으로 여겼다. 따라서 사회체제가 종속 계급으로 만드는 계급은, 바로 그 사회체제가 원칙으로 확립한 어떤 금언에 관해서도 신념을 가질 이유가 거의 없다. 인간의 여러 견해는 아주 놀라울 만큼 변화 가능성이 있다는 사실이 밝혀졌고, 존재하는 사실들을 신성시하면서도 아직 존재하지 않은 것을 언명하는 경향이 항상 있어 왔다는 것을 고려한다면, 지금은 무효가 된 사실들에 의해 이전에는 이익을 취한 사람들이 있는데 지금은 그들조차 비난하는 아주 오래전에 확립된 그 다른 사실들보다도, 부자와 빈자의 차이가 더 긴요한 필요성에 근거를 두고 있다는 확신을 종속 계급이 어떻게 가질 수 있겠는가? 이것은 이해 당사자라면 있을 수 없는 일이다. 노동계급은 사회제도의 전 영역이 재검토되어야 하고, 확신을 가질 수 있는 사람들은 자신들의 안락과 중요성을 현재의 체제에 신세 지는 사람들이 아니라 공동체의 추상적 정의와 일반적 이익이라는 문제에만 관심을 가지는 사람들이라는 사실을 항상 마음속에 두고 생각하면서, 마치 지금 처음으로 제기되는 것처럼 모든 의문이 고찰되어야 한다고 주장할 자격이 있다. 재산 소유자와 비소유자 사이에서 절대 공정하고 편견 없는 입법자에 의해 어떤 재산제도가 수립될 것인지를 확인하는 것, 그리고 이미 존재하는 재산제도를 뒷받침하는 판례를 이해하기 위해 준비되고 있는 근거에 의하지 않고, 그렇게 공정하고 편견 없는 입법자에게 실제로 영향을 미치게 될 이유에 의해 그

제도를 옹호하고 정당화하는 것이 목적이 되어야 한다. 이러한 시험을 견뎌 내지 못할 재산권 또는 재산 특권은 조만간 포기되어야 할 것이다. 그 최선의 형태의 제도에 끼어드는 모든 폐해와 불편을 솔직하게 인정해야 하고, 인간 지성이 고안할 수 있는 최선의 처방 또는 임시방편을 받아들여야 한다. 또한 불편함이 없는 재산제도에 의해 목표로 삼는 이익을 성취할 목적으로 사회 개혁가들이 제안하는 모든 계획을 어떤 이름이 붙은 것이건 간에 터무니없거나 비현실적이라고 예단하지 말고 똑같이 허심탄회하게 검토해야 한다.

2장
현 사회질서에 대한 사회주의의 반대

"공산주의에서 행하게 될 규제라는 것은
대다수 인간의 현재 상태와 견주어 보면 오히려 자유일 것이다."

– 존 스튜어트 밀, 『정치경제학 원리』2권 1장 3절.

2장: 현 사회질서에 대한 사회주의의 반대

변화를 위한 모든 제안에는 변화되어야 할 것과 그 변화의 결과가 되어야 할 것, 이렇게 두 가지 고려 요소가 있는데, 이는 일반적으로 사회주의에서도 마찬가지다. 사회주의의 여러 가지 변종 각각을 따로 떼어 놓고 보면, 부정적이고 비판적인 부분과 건설적인 부분으로 두 가지 구별되는 부분이 있다. 우선, 존재하는 제도와 관행 및 그 결과에 관한 사회주의의 평가가 있다. 그리고 둘째로는 더 나은 일을 하기 위해 사회주의가 제출하는 다양한 계획이 있다. 전자에서는 사회주의의 서로 다른 모든 학파가 한 몸이다. 그들은 현존하는 사회의 경제 질서에서 찾아낸 잘못에 대해서는 거의 똑같을 정도로 의견이 일치된다. 어느 지점까지는, 그 잘못을 고치기 위해 제시하는 방법에서도 똑같은 일반적 개념을 가지고 있다. 그러나 세부 사항으로 들어가면 이 일반적

일치에도 불구하고 아주 큰 차이가 있다. 그들 모두가 보통 그런 것처럼 부정적인 부분에서 시작하고, 그들이 심각한 차이를 보이는 이 둘째 부분의 과업을 다룰 때까지 그들 사이의 차이에 관한 모든 언급을 미루어 두는 것이 그들의 신조를 평가하는 데에 자연스럽기도, 편리하기도 할 것이다.

이러한 우리 과제의 첫째 부분은 전혀 어렵지 않다. 그것은 현존하는 해악의 목록으로 이루어져 있을 뿐이기 때문이다. 이에 관한 자료는 전혀 모자라지 않고, 그 대부분은 전혀 애매하거나 신비롭지 않다. 이 해악의 뿌리가 도덕주의자들이 대개 꿰뚫어 보고자 하는 것보다 더 깊은 곳에 있다 할지라도, 그 목록 중 많은 것은 바로 도덕주의자들이 가장 흔히 하는 말 그대로다. 그 목록이 매우 다양하기 때문에 유일한 어려움은 완전한 목록을 만들어 보는 것이다. 우리는 현재로서는 몇몇 주요 사항을 언급하는 것으로 만족할 것이다. 또한 독자는 한 가지 점을 기억했으면 한다. 그 목록의 항목이 하나씩 하나씩 독자 앞을 지나가고, 독자가 사회제도 비판으로서 역설된, 자연의 필수 요소에 포함시키는 데 익숙했던 사실을 하나씩 하나씩 발견한다 할지라도, 독자가 '불공정하다'고 외치고 그 불공정한 해악이 인간과 사회에 본래 내재하는 것이어서 어떤 해결 방안도 있을 수 없다고 주장할 자격은 없다는 것이다. 이렇게 주장하는 것은 논의 대상이 되는 바로 그 질문을 회피하는 일이 될 것이다. 자신들이 불평하는 해악을 현재 사회구조에서는 고칠 수 없다는 사실을 사회주의자들보다 더 기꺼이 인정할 사람은 없을 터인데, 그들은 진실이 정당화해 주는 것보다 훨씬 더 단호하게 실제로 그렇게 단언한다. 그들은 그 해악을 낳지 않을 것 같거나 그보다 훨씬 덜한 해악을 낳을 것 같은 다른 어떤 형태의 사회를 고안할 수 있을지 생각해 보라고 제안한다. 대체로 볼 때 현재의 사회질서에 반대하는 사람들, 총체적 변화의 가능성을 대안으로 받아들이는 사람들은 그 해악이 인간의 힘으로 맞서기에 적합지 않거나 인간의 지식으로는 아직까지 맞서는 법을 알아내지 못한 물리 법칙에서 나오는 것이 아니라면, 그 해악이 사회제도 탓이건 그렇지 않건 간에 사회에 현존하는 모든 해악을 자기 현실의 일부로 간주할 권리를 가진다. 도덕적 해악과 만일 모든 사람이 자신이 해야 할 바대로 행한다면 고쳐질 수 있는 물질적 해악은 그 해악을 인정하는 사회 상태에 꽤 책임이 있고, 어떤 다른 사회 상태에서도 그러한 해악과 동등하거나 그보다 더 큰 해악을 수반할 수밖에 없다는 것이 입증될 때까지는 논점으로서 유효한 것이다. 사회주의자들의 의견으로는, 재산과 부의 생산 및 분배 면에서 현재의 사회제도는 보편적 이익의 수단으로서 완전한 실패작이다. 그들은 이 사회제도가 방지하지 못하는 막대한 규모의 해악이 있고, 도덕적이건 물질적이건 그 제도가 실현하는 이익은 가해진 노력의 양에 비해 볼 때 형편없이 적고, 이 적은 양의 이익은 도덕적으로도 물질적으로도 온통 치명적 결과를 낳는 수단으로 만들어진다고 말한다.

첫째, 존재하는 사회적 해악 가운데에서 빈곤의 해악이 언급될 수 있다. 재산제도는 주로 노동과 검약이 그 보상으로 보장받고, 인간을 극빈에서 벗어나게 해 주는 수단으로서 옹호되고 찬양된다. 그럴 법하다. 대부분 사회주의자들은 재산제도가 초창기 역사에서 그랬다는 사실을 인정한다. 그러나 만일 재산제도가 이런 면에서 이제까지 해 온 것보다 풍부하거나 나은 구실을 하지 못한다면, 그 발전 가능성은 아주 보잘것없다고 그들은 단언한다. 유럽의 가장 문명화된 나라 사람들 중 얼마만큼이 재산의 혜택이라고 이름 붙일 만한 것을 직접 향유하고 있을까? 자기 고용주가 가지고 있는 재산 없이는 그들은 일용할 양식 없이 지내게 될 것이고, 이런 사실을 수긍한다 할지라도 적어도 그들이 일용할 양식은 그들이 가진 모든 것인데 그조차 충분치 않을 때가 자주 있고 거의 항상 하등 품질이며 그마저 계속해서 얻게 되리라는 보장이 전혀 없고, 엄청난 비율의 근로계급이 이런 저런 시기에 적어도 일시적으로는 자신의 생계를 법적이거나 자발적인 자선에 의존하고 있(거나 모두가 그렇게 되기 쉽)다고 말할 수 있을 것이다. 극빈의 고통을 묘사하거나, 가장 발전된 나라에서 거의 전 생애 동안 물질적이고 도덕적인 고통에 늘 내맡겨지고 있는 인류의 비율을 추산하려는 어떤 시도도 여기서는 불필요하다. 이 작업은 이 고통을 충분히 강렬한 색채로 그린 박애주의자들에게 맡기면 된다. 문명화된 유럽, 심지어 영국과 프랑스의 많은 사람들의 상태가 우리가 알고 있는 대부분 야만 부족들의 상태보다도 더 비참하다고 말하는 것으로 충분하다. 이런 쓰라린 운명은 정력과 검약이 남들보다 못한 사람들에게만 닥치는 것이기 때문에 이 운명에 관해 아무도 불평할 이유가 없다고 말할 수도 있다. 이렇게 말하는 것은 설사 사실이라 할지라도 그 해악을 아주 조금도 덜어 주지 못할 것이다. 만일 네로나 도미티아누스 같은 사람이 수백 명 사람들에게 뒤에 처져 들어오는 오십 명 혹은 이십 명은 사형에 처해진다는 조건으로 자기 목숨을 걸고 경주를 하라고 명한다면, 어떤 뜻밖의 사고가 나는 경우를 제외한다면 그것은 가장 강하거나 가장 민첩한 사람들은 분명히 모면하게 될 불의를 조금도 감하지 못할 것이다. 어쨌든 누군가 사형에 처해진다는 것 자체가 고통이자 죄악이 될 것이다. 사회의 경제에서도 마찬가지다. 만일 몸에 꼭 필요한 것들이 충족되지 않거나 짐승만이 만족할 수 있는 방식으로 충족되어 물질적 궁핍이나 도덕적 타락으로 고통 받는 누군가가 있다면, 비록 이것이 반드시 사회의 죄악은 아니라 할지라도 **그만큼은**(pro tanto) 사회제도의 실패다. 그러니, 이 해악을 덜어 볼 양으로 이렇게 고통 받는 사람들은 그 사회에서도 도덕적으로나 물리적으로나 더 약한 성원들이라고 주장하는 것은 불행에 모욕을 더하는 꼴이다. 약하다는 것이 고통을 정당화할까? 그와는 반대로 그것은 모든 인간이 고통으로부터 보호받아야 한다는 거부할 수 없는 요구가 아닐까? 만일 부유한 사람들의 사고방식과 감정이 올바른 상태에 있다면, 그 부를 그 자체가 목적인 것처럼 받아들일까? 부유한 사람들 가까이에 있는 어느 한 사람이라도 고의적 잘못 이외의 다른 어떤 이유 때문에 바람직한 생활양식을 누리는 데서 배제되었던가?

만일 정말로 그것이 지지받는다면 사회제도를 이 해악의 책임에서 완전히 벗어나게 해 줄 한 가지가 있다. 인간은 즐거운 생활이나 생활 자체의 수단이 아니라 자기 자신의 노동과 절제로부터 얻어 낼 수 있는 것을 가지고 있기 때문에, 만일 이 노동과 절제의 공평한 몫을 기꺼이 받고자 하는 사람이 그 결실의 공평한 몫을 획득할 수 있다면 사회에 불만을 품을 근거가 없을 것이다. 그러나 이것이 사실일까? 사실의 정반대가 아닐까? 그 보상은 개인의 노동과 절제에 비례하지 않고 거의 반비례한다. 가장 적게 받는 사람들이 가장 많이 일하고 절제한다. 게으르고 난폭하고 행실이 나쁘고 최대한 공정하게 말해서 자기 상태에 대해 스스로를 탓해야 할 가난한 이들조차, 돈이 아쉬울 것 없이 태어난 사람들뿐만 아니라 자기 생활비를 버는 사람들 가운데 더 높은 보수를 받는 거의 모든 사람들보다도 훨씬 더 많고 혹독한 노동을 견디는 일이 많다. 또한 이 근면한 빈자들이 이 부적절한 자기 절제를 하는 데에도, 사회에서 더 많은 혜택을 받고 있는 구성원들에게 거의 늘 요구되는 것보다도 더 많은 희생과 노력을 대가로 치러야 한다. 분배의 정의, 또는 성공과 장점, 또는 성공과 노력 사이의 비례 원칙이라는 바로 이 개념은 현 사회 상태에서 아주 명백히 현실과 동떨어진 것이어서 지어낸 이야기(romance)의 영역으로 밀쳐질 정도다. 개인의 운명이 그 사람의 미덕이나 지능과 완전히 무관하지 않은 것은 사실이다. 이 두 가지는 실제로 그 사람에게 유리한 것이지만, 칭찬할 만한 가치가 전혀 없는 다른 많은 것들보다는 훨씬 못한 것이다. 상황을 결정하는 모든 것들 가운데 가장 강력한 것은 태생이다. 대다수 사람들은 태어났을 당시 모습 그대로다. 어떤 사람들은 일하지 않는 부자로 태어나고, 다른 사람들은 일해서 부자가 될 수 있는 자리에 태어나고, 대다수 사람들은 평생 고된 일과 빈곤을 겪도록 태어나고, 많은 사람들이 지독한 가난뱅이로 태어난다. 인생에서 태생 다음으로 주요한 성공 원인은 우연한 사건과 기회다. 부자로 태어나지 않은 어떤 사람이 부를 획득하는 데 성공할 때에는 대개는 그 자신의 부지런함과 재주가 그 결과에 기여한 것이다. 그러나 소수의 운명에만 주어지는 우연한 사건과 기회가 동시에 발생하지 않았다면 부지런함과 재주만으로는 충분치 않았을 것이다. 만일 사람들이 세상살이를 하면서 자신의 미덕의 도움을 받는다면, 아마도 그만큼이나 자주 자신의 악덕, 노예근성과 아첨근성, 매몰차고 인색한 이기심, 거래에서 허용되는 거짓말과 속임수, 도박의 투기, 이따금 하는 노골적 부정행위의 도움도 받을 것이다. 정력과 재능은 미덕보다 인생에서 성공에 훨씬 더 도움이 된다. 그러나 만일 어떤 사람이 일반적으로 쓸모 있는 어떤 일에서 정력과 재능을 써서 성공한다면, 또 다른 사람은 경쟁자를 계략에 빠뜨리고 파멸시키는 데 정력과 재능을 써서 부자가 된다. 다른 조건이 주어진다면 정직이 최선의 정책이라고, 또한 같은 장점을 가지고 있다면 정직한 사람이 사기꾼보다 더 좋은 기회를 잡는다고 주장하는 것은 도덕주의적 모험이나 마찬가지다. 이는 인생의 많은 위치와 상황에서 의문스럽다. 이에 관한 논의보다 소용없는 것은 없다. 정직이 성공의 수단으로서 사회계층의 한 계단 차이만큼이나 유리한 척할 수는 없는 노릇이다. 운과 행동 사이의 관계는 주로 이런 것이다. 즉 어느 만큼의 복이라도 충분히 망쳐 버릴 수 있는 정도의 나쁜 행동 또는 일종의 나쁜 행동이 있다. 그러나 그 반대는 사실이 아니다. 즉 대부분 사람이 놓인 상황에서는 운 좋은 사건의 도움 없이는 아무리 선행을 하더라도 출세에 도움이 되지 않는다. 그러므로 이 해악, 즉 막심한 빈곤, 공과와는 거의 상관없는 빈곤이 현존하는 사회제도의 첫째 대실패다.

둘째는 인간의 나쁜 행동, 즉 모든 고통이 뒤따르는 범죄, 악덕과 어리석은 행동이다. 왜냐하면 거의 모든 형태의 나쁜 행동은 우리 자신을 향한 것이건 타인들을 향한 것이건 간에, 다음 세 가지 원인 중 하나로 거슬러 올라갈 수 있기 때문이다. 다수에게서 보는 빈곤과 빈곤의 유혹, 상황이 일을 하도록 강제하지 않는 소수의 게으름과 무력감, 다수와 소수 모두의 나쁜 교육 또는 교육 결핍 등이 그것이다. 앞의 두 가지는 적어도 사회제도의 실패로 인정되어야 하고, 마지막 것은 사회제도의 잘못으로 현재 거의 보편적으로 받아들여지고 있지만, 이것은 거의 범죄라고 말할 수 있다. 나는 엄밀하지 않게 대충 말하고 있는데, 성격의 결함과 행동의 잘못의 원인을 더 상세하게 분석하는 것은 결함 있는 사회 조직과 그 원인을 연관 지어 주는 계통을 더 결정적으로 확인하는 작업이 될 것이기 때문이다. 결함 있는 사회 상태가 역으로 인간의 퇴행적 상태이기도 하다는 것을 그 계통이 보여 준다 할지라도 말이다.

이전 시대의 단순한 평등주의자들은 사회의 해악을 열거할 때 이 지점에서 멈추었다. 그러나 더 멀리 내다보는 그들의 계승자들인 오늘날의 사회주의자들은 더 나아간다. 그들의 눈에는 현재 구조화되어 있는 인간 생활의 토대, 즉 현재 모든 유형(有形)의 생산물의 생산과 분배가 이루어지고 있는 원리는 본질적으로 옳지 않고 반사회적이다. 그것은 개개인이 자기만을 위하고 나머지 모든 사람들을 적대하는 개인주의와 경쟁의 원리다. 그것은 이익의 조화가 아닌 이익의 적대에 기초하고 있고, 이 원리 아래에서 모든 사람이 투쟁에 의해, 타인들을 밀어내거나 자신이 타인들에게 밀려남으로써 자기 자리를 찾을 것을 요구받는다. 사회주의자들은 만인과 만인 사이의 이 사적 전쟁(이라고 부를 수 있겠다)의 체제를 경제적 관점과 도덕적 관점에서 볼 때 특히 치명적이라고 본다. 도덕적으로 볼 때 그 해악은 명백하다. 그것은 시기와 증오와 무자비함의 근원이다. 그것은 모든 사람을 그의 길을 가로지르는 다른 모든 사람들의 당연한 적으로 만드는데, 모든 사람의 길이 항상 서로 가로지르기 십상이다. 현재의 체제하에서는 어떤 사람도 다른 한 사람이나 많은 사람들의 손실이나 실망에 의하지 않고는 이익을 얻을 수 없다. 잘 만들어진 공동체에서는 모든 사람이 다른 모든 사람이 성공하려는 노력에 의해 이익을 얻을 수 있을 것이다. 반면에 지금 우리는 서로의 손실로 이익을 얻고 서로의 이익으로 손실을 보며, 우리의 가장 큰 이득은 모든 것 가운데 가장 나쁜 근원으로부터, 즉 죽음으로부터, 우리에게 가장 가깝고 가장 소중해야 할 사람들의 죽음으로부터 생긴다. 순선히 경제석 기능 면에서 개인 경쟁의 원칙은 그 도덕 면에서와 마찬가지로 사회개혁가들로부터 무조건 비난을 받는다. 노동자들의 경쟁에서 그들은 낮은 임금의 원인을 보고,

생산자들의 경쟁에서 상업의 붕괴와 파산을 본다. 또한 이 두 가지 해악은 인구와 부가 늘어감에 따라 끊임없이 증가하는 경향이 있다고 그들은 단언한다. 대토지 소유주, 고정 현금 수입 보유자, 그리고 그 부 덕분에 점차 다른 모든 생산자들의 가치를 떨어뜨리고, 산업 활동 전체를 자기 활동 영역 속으로 흡수하고, 자신들 이외의 모든 노동 고용인들을 시장에서 몰아내고, 노동자들을 생계 수단을 얻기 위해서 자신에게 의존하고 자신이 제공하기로 한 조건으로 이러한 생계 수단을 받아들이도록 강요당하는 일종의 노예나 농노로 개조할 수 있는 소수의 대자본가들 이외에는 아무도 혜택을 받을 수 없다(고 그들은 생각한다). 요컨대 사회는 이 이론가들을 따르자면 새로운 봉건제도, 대자본가들의 봉건제도를 향해 나아가고 있다.

이후 장에서 이 문제들, 그리고 이 문제들과 연관되어 있거나 그에 부수되는 다른 많은 문제들에 관해 내 자신의 견해를 말할 기회를 충분히 가질 것이기 때문에, 나는 이제 거두절미하고 현재의 사회제도에 관한 유명한 사회주의자들의 견해를 그들이 발표한 글의 몇몇 대목을 통해 제시할 것이다. 내가 인용하는 내용 중 얼마나 많은 부분이 내 자신의 의견과 일치하거나 다른지 이제부터 나타날 것이다.

인간사 가운데 경제 분야에서 현존하는 사회질서에 일반적으로 반대하는 사회주의자들의 주장을 가장 분명하게, 가장 압축해서 가장 간결하고도 독특하게 언명한 것은 M. 루이 블랑의 작은 저서 『노동자 조직(Oraganisation du Travail)』에서 찾아볼 수 있다. 따라서 이 주제에 관한 내 첫 번째 인용문들은 이 논문에서 취할 것이다.

23장

"경쟁은 사람들에게 멸종의 체제다. 가난한 사람은 사회의 구성원인가 그 적인가? 우리는 대답을 요구한다."

"그는 자기 주변에서 온통 이미 남이 차지한 땅을 본다. 그가 자기 힘으로 땅을 경작할 수 있을까? 아니다. 먼저 점유한 자의 권리가 재산권으로 되었기 때문이다. 인간의 길 위에서 신이 익게 한 열매를 그가 수확할 수 있을까? 아니다. 땅과 마찬가지로, 열매도 **독차지되었기**(appropriate) 때문이다. 그가 짐승을 잡거나 물고기를 낚을 수 있을까? 아니다. 그것은 정부에 달려 있는 권리이기 때문이다. 그가 들판에 둘러싸인 샘에서 물을 풀 수 있을까? 아니다. 들판의 소유주가 샘의 소유주이기 때문이다. 그가 굶주림과 목마름 때문에 죽어 가면서 같은 인간들에게 자선을 구하는 손을 내밀 수 있을까? 아니다. 구걸을 금하는 법이 있기 때문이다. 그가 피로에 지쳤지만 은신처가 없을 때 길거리 인도 위에 누워 잠을 잘 수 있을까? 아니다. 부랑 생활을 금하는 법이 있기 때문이다. 그가 자신에게 모든 것을 허락하지 않는 모국을 떠나 자신이 생활할 수 있게 해 주는 먼 곳으로 망명하여 생계 수단을 구할 수 있을까? 아니다. 가난한 사람은 충족할 수 없는 특정 조건을 갖추지 않고는 국적을 바꾸는 것이 허용되지 않기 때문이다. 그렇다면 이 불행한 사람이 무엇을 할 수 있을까? 그는 이렇게 말할 것이다. '나는 일할 수 있는 손이 있고, 나는 지능도 가지고 있고, 나는 젊음도 지니고 있고, 나는 힘도 있다. 이 모든 것을 가져가되, 그 대가로 빵 한 조각을 내게 달라.' 이것이 바로 노동자들이 하는 말이다. 그러나 이렇게 말한다 해도 가난한 이는 이런 대답을 들을 것이다. '나는 네게 줄 일감이 없다.' 그렇다면 그는 무엇을 해야 할까?"

"노동자의 관점에서 볼 때 경쟁은 무엇일까? 그것은 경매에 붙여지는 노동이다. 어떤 계약자가 노동자 한 사람을 원한다. 노동자 세 사람이 나선다. '얼마를 받을래?' '2분의 1크라운. 나는 아내와 아이들이 있어.' '음, 그럼 너는 얼마

받을래?' '2실링. 나는 애는 없지만 아내가 있어.' '그래, 좋아. 그럼 너는 얼마 받을래?' '1실링 8펜스면 돼. 나는 독신이야.' '그럼 네가 이 일을 해.' 이걸로 끝이다. 거래 상대가 확정된 것이다. 그럼 다른 두 노동자는 어떻게 해야 할까? 그들이 조용히 굶어 죽기를 소망할 법하다. 그러나 만일 그들이 도둑질에 빠진다면 어떻게 될까? 겁내지 말라. 우리에겐 경찰이 있다. 살인을 한다고? 우리는 교수형 집행인을 보유하고 있다. 운이 좋은 한 사람에 관해 말하자면, 그의 승리는 그때뿐이다. 네 번째 노동자가 나타나게 되는데, 이자는 하루 걸러 굶어도 될 만큼 몸이 튼튼해서 몸값이 훨씬 더 낮다. 새로운 부랑자가 생겨서 아마도 감옥의 신입 회원이 될 것이다!"

"이 우울한 결과가 과장이라고, 어쨌든 이 결과는 일자리를 구하는 노동자 수만큼 일이 없을 때에만 일어날 수 있는 일이 아니냐고 말할 것인가? 그러나 나는 그 답으로 이렇게 묻는다. 경쟁 원칙이 이 살인적 불균형을 피할 수 있는 어떤 방법을 어쩌다가 자체에 내포하는 일이 있는가? 일손이 필요한 어떤 한 분야의 산업이 그것을 장담할 수 있다 하더라도, 보편적 경쟁이 만들어 내는 혼란 속에서 또 다른 산업에서 노동자 과잉 공급이 일어나지 않겠는가? 그리고 만일 3천 4백만 사람 중에 2천만이 생계를 위해 실제로 도둑이 된다면, 이것만으로도 이 원칙을 비난할 만하지 않을까?"

"그러나 누가 무한 경쟁 체제하에서 임금의 지속적 하락이 예외적 상황이 아니라 필연적이고 일반적인 사실이라는 것을 보지 못할 만큼 분별력이 없을까? 인구가 넘어서서는 안 되는 제한을 가지고 있는가? 우리가 산업에 대해, 즉 개인의 이기주의가 낳는 우발적 사건에 내맡겨져 있고 파산이 수시로 일어나는 산업에 대해 우리가 다음과 같이 말하는 것이 가능할까? '당신들은 이만큼 했으면 됐지, 더 이상은 안 할 거지?' 인구는 끊임없이 늘어난다. 가난한 엄마에게 불임이 되라고 말하고, 그녀가 임신할 수 있게 만든 신에게 욕설을 퍼부으라, 만일 당신이 그렇게 하지 않으면 노동 전 투원들이 곧 흘러 넘쳐나게 될 것이기 때문이다. 기계가 발명된다. 그것을 부수라고 명하라, 그리고 과학을 저주하라, 만일 당신이 그리 하지 않으면 이 새 기계가 일자리를 빼앗는 수많은 노동자들이 이웃 작업장 문을 두드리고 자기 동료들의 임금을 떨어뜨릴 것이기 때문이다. 이처럼 일정 수의 노동자들을 몰아내는 것으로 귀결되는 임금 저하 체제는 무한 경쟁의 불가피한 결과다. 이는 노동계급이 서로를 멸종시키는 데 내몰리는 수단이 되는 산업 체제다."

"만일 의심할 수 없는 사실이 하나 있다면, 그것은 바로 인구 증가가 부자들 사이에서보다 가난한 사람들 사이에서 훨씬 더 빠르다는 것이다. 유럽 인구 통계에 따르면, 파리에서 부자들이 사는 지구의 출산은 인구의 32분의 1일 뿐인데 반해, 다른 지구의 출산은 26분의 1이나 된다. 이 불균형은 일반적 사실이고, M. 시스몽디는 정치경제학에 관한 자신의 저서에서 이것을 노동자들이 바람직한 조심성을 가질 수 없는 데 기인하는 것으로 설명했다. 내일을 기약할 수 있다고 생각하는 사람들만이 자기 수입에 맞추어 자녀의 수를 조절할 수 있다. 하루 벌어 하루 먹고 사는 사람은 설명하기 힘든 숙명의 굴레를 쓰고 있기 때문에, 자기 자신이 그 숙명에 희생된 것처럼 자신의 자녀를 그 숙명에 희생시킨다. 걸인들의 범람을 핑계로 사회를 위협하는 구빈원이 존재하는 것은 사실이다. 그러나 그 원인으로부터 도피할 무슨 방법이 있는가? …… 최저 생활 수단이 인구수보다 덜 빠르게 증가하는 어떤 사회도 나락으로 떨어질 위기에 처해 있는 사회. …… 경쟁은 궁핍을 생산한다. 이것은 통계가 보여 주는 사실이다. 궁핍은 무서울 만큼 아이들을 많이 낳게 한다. 가난한 사람들이 아이를 많이 낳는 것은 일자리는 필요한데 찾지는 못하는 불행한 중생들을 사회에 내던지는 꼴이다. 이 지점에서 사회는 가난한 자들을 죽일 것인지 공짜로 먹여 살릴 것인지를 두고, 즉 잔혹함과 어리석음을 두고 선택을 하지 않으면 안 된다."

가난한 사람들 문제는 이쯤 해 두자. 우리는 이제 중산계급 문제로 옮겨 간다.

"아담 스미스와 장 바티스트 세[1] 학파의 정치경제학자들에 의하면, **싼값**(cheapness)은 무한 경쟁의 이점을 압축할 수 있는 말이다. 그러나 왜 소비자의 일시적 이점에만 초점을 맞추어 싼값에 대한 정서적 반응을 고려하기를 고집하는가? 싼값은 생산자들 사이의 파괴적 무정부 상태의 씨앗을 도입하는 것을 대가로 소비자에게 이점이 있다. 말하자면 싼값은 생산자 가운데 부유한 사람들이 가난한 경쟁자들을

---

1 장 바티스트 세(Jean-Baptiste Say, 1767-1832): 프랑스의 경제학자 · 실업가. -역주

바수는 망치다. 싼값은 대담한 이론가들이 근면한 노동자들을 유인하는 덫이다. 싼값은 부유한 경쟁자들은 쉽게 구할 수 있는 기계 구입에 투자할 돈이 없는 소규모 생산자에 대한 사형선고다. 싼값은 독점의 손아귀에 있는 거대한 도구다. 그것은 소규모 생산 회사, 소규모 소매상, 소규모 소유주를 흡수한다. 그것은 한마디로 말해 소수의 산업 독점자본가(oligarch)의 이익을 위해 중산계급을 파괴하는 것이다. …… 그렇다면 우리는 싼값을 저주라고 생각해야 할까? 아무도 이런 터무니없는 주장을 하려 하지 않을 것이다. 그러나 그것은 선을 악으로 만들고 모든 것을 타락시키는 나쁜 원리의 특수한 결과물이다. 경쟁을 통한 싼값 체제하에서는 사람을 현혹하는 일시적 이익이 있을 뿐이다. 그것은 투쟁이 있을 때에만 유지된다. 부유한 경쟁자들이 가난한 경쟁자들을 몰아내자마자 값이 올라간다. 경쟁은 독점을 낳는데, 마찬가지 이유로 싼값이 비싼 값을 낳기 때문이다. 이렇게 해서 생산자들 사이에 무기로 사용되는 것은 조만간 소비자들 사이에서 빈곤화의 원인이 된다. 또한 만일 우리가 이미 열거한 다른 원인들을 이 원인에 더한다면 그중 첫째 자리는 인구의 과도한 증가가 차지해야 할 터인데, 우리는 소비자 대중의 빈곤화를 경쟁의 직접 결과로 인정하지 않을 수 없을 것이다."

"그러나 반면에, 수요의 원천을 고갈시키는 경향이 있는 바로 이 경쟁은 생산이 공급 초과하게 만든다. 보편적 투쟁이 만들어 내는 혼란은 각 생산자가 시장 상태를 알지 못하게 만든다. 생산자는 어둠 속에서 일해야 하고 판매는 운에 맡겨야 한다. 왜 생산자는, 임금이 오르내리는 경향이 아주 현저한 노동자에게 자신이 손실을 끼칠 수 있다는 이유 때문에 특히, 공급을 억제해야 할까? 손해를 보면서 생산을 할 때조차도 생산 회사는 여전히 생산을 계속하는 일이 많은데, 왜냐하면 생산 회사는 자기네 기계 따위가 멈춰 서게 하거나 원료 손실을 무릅쓰거나 소비자를 잃으려 하지 않을 것이고, 경쟁 체제 하에서 운영되는 생산 산업이 운으로 하는 게임일 뿐일 때 그 노름꾼은 요행의 가능성을 놓치지 않으려 할 것이기 때문이다. 이렇게 해서 우리는 이 점을 자주 강조할 수밖에 없는데, 경쟁은 필연적으로 공급을 증가시키고 소비를 감소시키는 경향이 있다. 따라서 이 경향은 경제과학이 추구하는 것과 정반대되는 것이다. 그러니 이것은 억압적일 뿐만 아니라 어리석다."

"또한 이 모든 것 가운데, 진부한 말이 되어 버렸고 바로 그 진실 때문에 너무 웅변조로 들리는 사실들을 되씹지 않기 위해서 우리는 조직화된 산업, 아니 더 적절히 말하자면 오늘날 상태가 보여 주듯 조직화되지 않은 산업이 중산계급 사이에 도입한 참담한 도덕적 부패에 관해서는 아무 말도 하지 않았다. 모든 것이 부패했고, 경쟁이 생각의 영역조차 침범한다. 공장이 작업장(workshop)을 바수고 있다. 화려한 점포가 허름한 가게를 잡아먹고 있다. 자기 자신이 주인인 장인이 일용노동자로 대체되고 있다. 쟁기로 밭을 가는 것이 삽으로 밭을 가는 것을 대체하고 있고, 가난한 사람의 밭이 대금업자에게 수치스러운 경의를 표하게 만들고 있다. 파산이 급증하고 있고, 제대로 규제되지 않는 신용거래에 의해 제조업이 불한당조차 딸 것을 확신할 수 있는 도박 체제로 바뀌고 있다. 요컨대 엄청난 혼란이 시기심과 불신과 증오를 불러일으키고 모든 고결한 염원과 모든 믿음과 자기 희생과 시를 점점 억압하도록 계획된다. 이것은 경쟁 원칙을 적용함으로써 얻는 결과를 끔찍하지만 너무도 믿을 만하게 묘사하는 것일 뿐이다."

푸리에주의자 가운데 한 사람인 콩시데랑(M. Considérant)

은 자신들의 주요 기관지를 통해 오늘날 문명의 해악을 다음과 같은 순서로 열거한다. 첫째, 오늘날 문명은 막대한 양의 노동과 인간의 힘을 비생산적으로 또는 파괴하는 일에 사용한다. 둘째, 사람들은 현재의 체제에서는 생산에 바쳐지는 산업과 능력조차도, 만일 더 잘 사용되고 지휘 받는다면 생산할 수 있을 것 중 작은 부분밖에 생산하지 못한다고 주장한다.

"선의와 반성 능력을 조금이라도 지닌 사람이라면 과연 누가 일관성 결여, 무질서, 결사의 결여, 노동을 분할하여 아무런 조직도 없고 폭넓거나 총체적인 관점이 전혀 없는 개인의 행동에 완전히 내맡기는 것 등이 얼마나 생산의 가능성을 제한하고 우리의 행동 수단을 파괴하거나 적어도 낭비하는지를 보지 못할 것인가? 질서와 좋은 관리가 부를 낳는 것처럼 무질서는 빈곤을 낳지 않는가? 결사가 힘의 원천인 것처럼 결사의 결여는 약함의 원천이 아닌가? 또한 농업이건, 국내 산업이건, 제조업이건, 과학 산업이건, 예술 산업이건, 통상 산업이건 간에, 오늘날에는 국가나 지방자치체에서 조직된다고 누가 말할 수 있겠는가? 이 중 어떤 분야에서 진행되는 일이든 그 모두가 어떤 총체적 관점하에서 또는 전망과 경제기구와 질서를 가지고 수행된다고 누가 말할 수 있겠는가? 게다가, 우리의 오늘날 사회 상태에서, 좋은 교육에 의해 사회 구성원 각자에게 자연이 부여한 모든 능력을 발전시키고, 각자가 선호하고 가장 잘할 수 있으며, 따라서 각자가 자기 자신과 다른 이들에게 가장 큰 이익을 주면서 일할 수 있는 기능에 각자를 고용하는 것이 가능하다고 누가 말할 수 있겠는가? 다양한 적성에 맞는 다양한 직장을 관리하고 조화시키기 위해 다양한 인성이 제기하는 문제들을 해결하려는 시도마저 해 본 적이 있는가? 아아! 가장 열렬한 박애주의자들의 이상향은 프랑스 사람 2천 5백만 명에게 읽고 쓰는 법을 가르치는 곳이다! 그런데 현재 실정에서라면 우리는 그들에게 그거라도 한번 성공해 보라고 대들 수 있다!"

"또한 땅이 잘못 일구어지거나 때로는 전혀 일구어지지 않고, 사람은 형편없는 집에 살고 형편없는 옷을 입고 있지만, 대중 전체가 여전히 일자리가 없는데 일자리를 찾지 못해 비참한 생활을 하며 고통스러워하는 이 사회 상태 또한 기이한 광경이자 우리를 향해 비난하며 울부짖는 팡캉이 아니겠는가? 분명히 우리는 만일 국가가 빈곤하고 굶주린다면 그것은 자연이 부를 생산할 수단을 주지 않아서가 아니라 우리가 그 수단을 사용하는 데 벌어지는 무정부 상태와 무질서 때문이라는 사실, 달리 말하자면 그것은 사회구조가 형편없고 노동이 조직화되어 있지 않기 때문이라는 사실을 인정하지 않을 수 없다."

"그러나 이것이 다가 아니다. 만일 당신이 부와 번영의 원천을 고갈시키는 이 모든 사회악에 사회를 구성하고 있는 개인들 사이에서 사회가 소중히 품고 장려하는 여러 가지 이름과 여러 가지 형태, 요컨대 투쟁과 불화와 전쟁이 추가되어야 한다는 것을 고려하지 않는다면, 당신은 악에 관해 어렴풋한 개념만을 갖게 될 것이다. 이 투쟁과 불화는 급진적 반대, 즉 다양한 이해관계 사이의 뿌리 깊은 모순과 대응된다. 당신이 산업 체제만을 고려한다 하더라도, 당신이 국가 안에서 계급과 범주를 수립할 수 있는 한, 그리고 당신이 반대되는 이해관계를 갖고 있고 공공연하거나 비밀스럽게 내면의 전쟁을 하고 있다면, 틀림없이 그렇다."

이 학파의 지도적 개념 가운데 하나는, 다양한 소비자들에게 나라의 생산물을 유통하기 위한 현존하는 제도와 공존하는 낭비성과 비도덕성, 유통 대행자, 상인, 중개인, 소매

상인, 셀 수 없이 많은 피고용인 수의 엄청난 과잉, 그리고 이러한 직업 분포가 지닌 부패 조장의 성격 등이다.

"상인(trader)의 이익이 소비자와 생산자의 이익과 적대된다는 것은 명백하다. 상인은 생산자와의 모든 거래에서 되도록 싸고 저평가된 물건을 사서, 그 물건이 엄청나게 좋은 것이라고 떠벌려서 그것을 할 수 있는 한 비싸게 팔지 않는가? 이처럼 집단적으로도 개별적으로도 상인의 이익은 생산자와 소비자의 이익, 즉 사회 전체의 이익과 대립된다."

"상인은 산업 전반의 무정부 상태와 비조직화를 통해 이익을 챙기는 뚜쟁이다. 상인은 생산물을 사재기하고 모든 것을 사재기한다. 또한 모든 것을 소유하고 붙들어 둔다. 무슨 말인고 하니……."

"**첫째,** 상인은 생산과 소비 두 가지 모두에 자신의 멍에를 씌우는데, 두 가지 모두가 결국은 소비될 생산물이거나 처음에는 작업이 가해질 원료로 자신에게 올 것이 틀림없기 때문이다. 물건을 사들이고 가격을 올리고 내리는 온갖 방법, 셀 수 없이 많은 계책, 그리고 중간상인의 수중에 모든 것을 묶어 두는 수단을 지니고 있는 상업은 온 천지에서 통행세를 징수한다. 즉 상업은 생산과 소비에 자기 마음대로 법칙을 부여하고, 생산과 소비는 그것에 복종할 뿐이다."

"**둘째,** 상업은 **엄청난 이익**을, 즉 실제로 고용된 사람들의 20분의 1의 인원으로 충분히 할 수 있는 기여를 하되, 그 기여한 바와도 전혀 걸맞지 않는 엄청난 이익을 사회로부터 강탈한다."

"**셋째,** 상업은 기생충 같은 존재에 불과한 중개상인들의 20분의 19로부터 생산적 노동을 빼앗음으로써 사회의 생산력을 떨어뜨린다. 이렇게 해서 상업은 공공의 부를 과도하게 독차지할 뿐만 아니라, 사람들이 많이 모이는 곳의 생산 에너지를 심각하게 감소시킴으로써 사회를 약탈한다. 만일 합리적 상업 조직 체제가 현재 상태의 해결할 수 없는 혼돈을 대체한다면, 상인 대다수는 생산적인 일로 돌아갈 것이다."

"**넷째,** 상업은 오늘날 저질품을 한없이 사회에 밀어 넣음으로써 도둑질을 한다. 또한 사실, 만일 이전에 식료품 잡화상이 20명 있었던 소도시에 100명이 가게를 차린다 하더라도, 사람들이 식료품을 다섯 배 소비하게 되지 않으리라는 것은 명백하다. 이 결과로 100명의 도덕적 잡화상들이 이전에 20명이 정직하게 만들어 낸 이익에 관해 토론해야 한다. 경쟁 때문에 어쩔 수 없이 이들은 때때로 그렇듯이 가격을 올리거나, 늘 그렇듯이 저질품을 섞어 넣음으로써, 소비자들을 희생해서 그 이익을 맞춘다. 이런 형국에서는 신뢰가 끝장난다. 잘 믿는 고객이 경험이 별로 없어서 속게 될 때마다 저급하거나 저질이 섞여 있는 상품이 좋은 품질의 물건으로 팔린다. 또한 고객이 철저히 속게 되면, 상인의 양심은 이렇게 말하면서 자위한다. '난 값을 말할 뿐이야. 사람들은 살 수도 있고 안 살 수도 있어. 아무도 강제로 사는 건 아니야.' 나쁜 품질이나 저질이 섞인 상품 때문에 생기는 손실은 헤아릴 수 없을 정도다."

"**다섯째,** 상업은 인위적으로건 그렇지 않건 간에 축적을 통해 사회로부터 도둑질을 하는데, 그 결과로 한곳에 모이는 막대한 양의 상품이 판매되지 않아 손상되고 파괴된다. 푸리에(『4운동의 이론』 1판, 334쪽)는 이렇게 말한다. 상업 체제의 기본 원칙, 즉 상인들에게 최대한의 자유를 준다는 원칙은 그들이 거래하는 상품에 대한 절대적 재산권을 그들에게 준다. 그들은 상품을 완전히 빼내거나 주지 않거나 심지어 불태울 권리를 가지는데, 비축된 계피의 값을 올리기 위해 그것을 공공연하게 불태운 암스테르담의 동인도회사에서 이런 일은 한 번 이상 벌어진 바 있었다. 민중에게 돌 맞을 것이 두렵지만 않았어도 이 회사는 계피에 한 일을 옥수수에도 했을 것이어서, 옥수수 일부를 태워서 나머지 옥수수를 본래 가치의 네 배로 팔았을 것이다. 상인들이 값이 오르기를 기다리는 동안 식량이 썩게 내버려 두었기 때문에 그것을 바다에 내버리는 것이 항구에서는 실제 다반사다. 점원이었을 적에 나 자신이 이 악명 높은 과정을 감독해야 했다. 하루는 약 4천 부셸의 쌀을 바다에 버리게 했어야 했는데, 만일 그 보유자가 이득을 볼 욕심이 조금 덜했다면 그것을 공정한 이익을 보면서 팔 수 있었을 것이다. **상인들을 위한 최대한의 자유**라는 철학적 금언의 보호 아래에서 날마다 벌어지는 이 낭비의 대가는 사회가 치른다."

"**여섯째,** 게다가 상업은 수많은 상점에 생산물을 극도로 흩뿌리는 것에 뒤따르는 모든 손실과 손상과 낭비로써, 그리고 운송을 증가시키고 복잡하게 만듦으로써 사회로부터 도둑질을 한다."

"**일곱째,** 상업은 수치스러운 무제한의 **고리대금**으로, 극도로 소름 끼치는 고리대금으로 사회로부터 도둑질을 한다. 상인은 자기 실제 자본보다 훨씬 더 많은 가공의 자본을 가지고 영업을 한다. 1천 2백 파운드의 자본을 가진 상인은 어음과 신용거래를 통해 4천, 8천, 또는 1만 2천 파운드 자본 규모의 영업을 한다. 이렇게 해서 그는 자신이 소유하지 않은 자본으로부터, 자신이 실제로 소유하고 있는 자본에 전혀 걸맞지 않는 많은 이익을 뽑아낸다."

"**여덟째,** 상업은 수없이 많은 **파산**을 통해 사회로부터 도둑질을 하는데 우리의 상업 체제에서 날마다 일어나는 사고, 정치적 사건, 모든 종류의 소동은 자기가 가진 재력을 뛰어넘는 채무를 초래하는 상인에게 그것을 더 이상 감당할 수 없는 날이 온다고 틀림없이 예고하기 때문이다. 이때 그의 실패는 사기에 의한 것이건 아니건 간에 그의 채권자들에게 틀림없이 심각한 타격이 된다. 어떤 파산은 다른 사람들의 파산을 수반하는데, 이에 따라 파산이 잇따르게 되어 광범한 파산이 일어난다. 또한 고통을 겪는 사람은 언제나 생산자와 소비자다. 전체로 보았을 때 상업은 부를 생산하지 않고, 자기 손을 거치는 부와 비교할 때 아주 적은 부분만 투자하기 때문이다. 얼마나 많은 제조업자들이 이 타격 때문에 파멸하는가! 생산자는 상품을 공급하고 소비자는 돈을 낸다. 상인은 실제 자본은 거의 없거나 아예 없는 신용 거래를 제공하고, 상업 단체의 여러 구성원들은 서로에게 전혀 책임을 지지 않는다. 간단히 말해서 이것이 바로 당면 문제에 관한 전체 이론이다."

"**아홉째,** 상업은 생산자들이 지대와 생산비로 필요한 돈을 얻기 위해 서로를 팔고 서로 경쟁하지 않을 수 없는 시대에 획득할 수 있는 **독립성**과 **무책임성**을 통해 사회로부터 도둑질을 한다. 상인은 시장에 공급이 과잉되어 상품 값이 쌀 때 구매한다. 그러면 값이 올라가고 이 간단한 술책이 생산자와 소비자 모두를 약탈한다."

"**열째,** 상업은 생산적 산업의 적절한 하위 부분 역할을 맡고 (다소간 멀리 떨어져 있는) 생산자들과 큰 소비 단체들, 즉 공산주의적 단체들 사이의 거래를 수행하는 대행자 역할만 하면 생산적 산업으로 되돌아갈 자본을 심각할 만큼 뽑아 감으로써 사회로부터 도둑질을 한다. 이렇게 해서 (자기 수중을 거쳐 가는 막대한 부와 비교할 때는 적지만 그 자체가 엄청난 액수로 이루어져 있는) 투기에 관여된 상업 자본은, 만일 상업이 상품을 매개하는 특성을 빼앗기고 그것이 맡는 유통이 행정 조직의 문제로 된다면 생산을 촉진하는 역할로 되돌아갈 것이다. 국채 매매가 상업의 이 악행 가운데 가장 끔찍한 형태다."

"**열한째**, 상업은 원료를 독점하거나 사재기해서 사회로부터 도둑질을 한다. (푸리에는 『4운동의 이론』 1판 359쪽에서 이렇게 말하는데) '사재기가 이루어지는 물품의 가격 상승은, 자기 회사를 쓰레기장으로 만드느니 좋은 시절이 올 것을 희망하면서 금전적 희생을 감수하고 적은 이익에 물건을 만들어야 하나, 그 물건을 독점 판매하는 자가 최우선으로 유지할 것을 강요하는 가격 상승에 의해 대개는 오랜 시간이 걸리지 않아서 손실을 보상받는 제조업자들에 의해 일차적으로 이루어지지만, 궁극에 가서는 소비자를 통해 효과적으로 되기 때문이다.' ……"

"요컨대, 내가 빠뜨리고 있는 다른 많은 것들을 제외하고라도, 이 모든 악습은 극단적으로 복잡한 상업 행위에 의해 급증하고 있다. 생산물은 이 탐욕스러운 상업의 손아귀를

딱 한 번만 거쳐 가는 것이 아니기 때문이다. 소비자에게 도달하기 전에 20~30번을 그렇게 거치고 또 거치는 생산물이 있다. 처음에는 원료가 상업의 손아귀를 거쳐 제조업자에게 넘겨지고 제조업자가 그것을 가지고 최초로 작업을 한다. 그러고 나면 그것이 상업으로 되돌아와서 또 다른 형태의 작업이 이루어지도록 다시 보내진다. 그것이 최종 형태를 부여받기 전에 이런 과정이 이어진다. 그러고 나면 그 물건이 상인의 손에 들어오고, 이들이 도매상인에게 팔면, 이것이 다시 도시의 큰 소매상인들에게, 그리고 이것이 다시 작은 소매상인과 시골 상점에 팔린다. 거치는 손이 바뀔 때마다, 그 물건이 뒤에 무언가를 남긴다."

······ "금속 관련 작업이 많이 이루어지고 있는 쥐라 산맥[2]을 최근 답사한 내 친구 중 하나가 삽을 만드는 한 농부의 집에 들어갈 기회가 있었다. 이 친구가 삽 가격을 물었다. '한번 이해해 보자고요'라며, 경제학자는 전혀 아니고 상식을 가진 사람인 그 가난한 노동자가 말했다. '내가 삽을 소매상에게 8펜스에 팔면, 그 사람은 그걸 읍내에서 1실링

---

2 쥐라 산맥: 프랑스와 스위스 국경에서 독일에 걸쳐 있는 산맥. -역주

8펜스에 팔아요. 만약 댁께서 노동자와 소비자 사이에 직접 거래를 틀 방법을 찾아낼 수 있다면, 댁께서는 삽을 1실링 2펜스에 살 수가 있고, 그러면 우리는 그 거래로 각자 6펜스씩 이득을 보게 된단 말씀이야.'"

비슷한 취지로, 오언은 『새 도덕 세계의 서Book of the New Moral World』 2부 3장에서 이렇게 썼다.

"지금 실행되고 있는 원칙은 대규모, 중규모, 소규모로 부를 유통하는 데 사회 대부분 사람이 자신의 일생을 바치도록, 그리고 그 부가 더 많거나 더 적은 양으로 이곳에서 저곳으로 옮겨지도록, 지금은 대도시와 소도시와 마을과 시골에 위치하고 있는 사회와 개인들의 다양한 유통의 수단과 필요를 충족하도록 유도하는 것이다. 이 유통의 원칙은 어느 편**에서 사서** 다른 편**에 파는** 것이 자신의 일인 사회 계급을 만든다. 이런 과정에 의해 그들은 그 시점에 시장에서 낮은 가격으로 보이는 것을 사서, 자신들이 획득할 수 있는 가장 큰 영속적 이익을 챙기면서 팔도록 자신들을 유도하는 상황에 놓는다. 그들의 실제 목적은, 자신에게 파는 사람과 자신으로부터 사는 사람 사이에서 최대한의 이익을 얻는 것, 즉 자신들의 거래를 통해 최대한의 결과를 얻어 내는 것이다."

"사회의 부를 유통하는 이 방법에서 비롯한 셀 수 없이 많은 원칙상의 오류와 실제 폐해가 있다."

"**첫째,** 유통을 담당하는 사람들로 이루어진 일반 계급이 형성되는데, 이들의 이해관계는 이들에게 판매자이자 구매자인 개인의 이해관계와 분리되어 있고 명백히 적대된다."

"**둘째,** 소규모, 중규모, 대규모의 구매자와 판매자, 즉 소매업자, 도매업자, 거대 상인으로 이루어지는 세 계급의 유통 담당자들이 형성된다."

"**셋째,** 이렇게 해서 만들어지는 세 계급의 구매자들이 소규모, 중규모, 대규모 구매자를 이룬다."

"구매자와 판매자의 여러 계급을 이렇게 배열하는 제도에 따라, 각 집단은 자신들이 사회에서 서로 분리되고 적대하는 이해관계와 서로 다른 등급과 신분을 가지고 있다는 사실을 알 수 있도록 손쉽게 훈련된다. 이러한 불평등한 제도가 틀림없이 만들어 내는 모든 굴종과 오만과 더불어, 감정과 조건의 불평등성이 이렇게 해서 만들어지고 유지된다. 이 집단들은 싸게 사서 비싸게 파는 일을 더 성공적으로 하기 위해 일반적인 속임수 체계에서 규칙적으로 훈련받는다."

"소규모 판매자는 종종 여러 시간 동안 고객을 기다리면서 빈둥거리는 나쁜 습관을 얻는데, 이 해악은 심지어 도매상 계급도 심각할 정도로 겪는 일이 많다. 이 제도에 의해 마을과 소도시와 대도시에서 필요한 것보다 더 많은 판매 회사가 생기기도 하는데, 아주 큰 자본이 이렇게 해서 사회에 아무 혜택도 주지 못하고 낭비된다. 또한 고객을 획득하기 위해 전국에서 서로에게 적대하는 회사들의 수 때문에 그들은 상대편보다 더 싸게 팔려고 하고, 이에 따라 할인 매점과 큰 소매 상점(warehouse)이라고 불리는 것을 세워서 생산자에게 계속해서 손해를 입히려 하고 있다. 또한 이러한 회사의 성격을 유지하기 위해 그 지배인이나 종업원은 싼 물건을 사는 것, 다시 말해 생산원가보다 싸게 부를 획득하는 것을 끊임없이 감시해야 한다."

"소규모, 중규모, 대규모의 유통 담당자는 모든 것을 생산자에게 지원받는데, 생산자에 비해 유통 담당자의 수가 더 많으면 많을수록 생산자가 짊어져야 할 짐이 더 커진다. 유통 담당자의 수가 증가함에 따라 부의 축적은 줄어들고 생산자로부터 더 많은 것이 요구되어야 하기 때문이다."

"이 제도는 사회에 완전히 낭비되는 제도인데, 왜냐하면 사회의 이익은 가장 좋은 질의 부를 가장 많이 생산하는 것인 반면에, 현존하는 유통 체계의 결과는 많은 수의 사람들을 생산에서 뽑아내어 유통 담당자가 되게 만들 뿐만 아니라, 아주 낭비인 데다 사치스러운 유통비용을 소비자가 치러야 할 비용에 덧보태고, 구입한 부의 본래 비용의 가격보다 몇 배나 되는 유통비용을 소비자에게 물리기 때문이다."

"이렇게 되면, 한편으로는 이익을 얻고자 생겨난 욕망에 의해 판매자가 놓이게 된 위치 때문에, 그리고 다른 한편으로는 비슷한 생산물을 팔고 있는 상대편과 맞닥뜨리는 경쟁 때문에, 그 판매자는 자신이 파는 물건의 질을 떨어뜨리고자 하는 유혹을 강하게 느낀다. 그런데 이 물건이 국내에서 생산한 것이나 외국에서 수입한 식량이라면 소비자들의 건

강과 이에 따른 평안과 행복에 미치는 영향은 특히 종종 노동계급 가운데 아주 해롭고 많은 조기 사망을 낳는데, 이런 점에서 볼 때 이들은 질이 떨어지거나 값싼 물건을 구입함으로써 아마 가장 큰 피해를 보는 사람들이 될 것이다."

"이곳에서 저곳으로의 운송, 이 분야에 직간접으로 종사하고 있는 중개상 비용을 포함해서 영국과 아일랜드에서 이런 식으로 부를 유통하는 비용은, 운반에 의해, 그리고 적은 양으로 분할된 채 대개는 그런대로 쓸 만하고 쓰기에 가장 좋은 상태인 것은 훨씬 적은 물건들을, 보관하기에 좋지 않은 환경의 부적절한 창고와 장소에 보관하면서 이 부를 구성하는 물건들의 질이 많은 부분 나빠지는 것은 고려하지 않는다 하더라도, 아마도 해마다 거의 백만 파운드에 이를 것이다."

오늘날 사회구조에 만연한 개인과 개인, 계급과 계급 사이의 이해관계의 모순을 더 깊이 설명하면서, M. 콩시데랑은 이렇게 덧붙인다.

"만일 포도주용 포도를 재배하는 농장주가 자유무역을 원한다면, 이 자유는 옥수수 생산자, 철과 옷감과 면화 제조업자, 그리고 이들도 빼놓을 수 없는데, 밀수업자와 세관원을 파멸시키게 된다. 만일 생산 비용을 더 적게 만들어서 값을 낮추는 기계가 발명되는 것이 소비자에게 이익이라면 바로 이 기계가 어찌 할 줄 모르면서 당장 다른 일을 찾을 수 없는 수많은 노동자들을 일자리에서 쫓아낼 것이다. 그러니, 여기서 다시 문명의 무수히 많은 사악한 순환 과정 가운데 하나를 본다. …… 현존하는 우리의 사회체제에서는 어떤 좋은 것을 도입하더라도 그것이 항상 어떤 해악을 수반한다는 것을 점점 더 입증하는 수많은 사실이 있기 때문이다."

"요컨대, 만일 더 아래로 내려가서 저속한 세부 사항들을 살펴보면, 우리는 외투와 신발과 모자가 금방 닳아 버리는 것이 양복장이와 제화공과 모자 만드는 사람의 이익이고, 유리 직공은 창문을 깨뜨리는 우박 폭풍으로 이익을 얻고, 석공과 건축가는 화재로 이익을 얻으며, 변호사는 소송에 의해, 의사는 질병에 의해, 와인 판매상은 고주망태에 의해, 매춘부는 난봉에 의해 부자가 된다는 사실을 알게 된다. 또한 만일 범죄와 위반과 소송이 한꺼번에 없어져 버린다면, 법정 변호사와 사무 변호사와 모든 변호사의 사무원들뿐

만 아니라 판사와 경찰과 간수들에게도, 그것이 얼마나 날
벼락이 되겠는가?"

다음은 이 학파의 가장 중요한 주장 가운데 하나다.

"이 모든 것에 더해, 현존하는 문명은 모든 방면에서 알력
과 전쟁의 씨앗을 뿌리고, 비생산적 노동, 또는 심지어 파괴
에 자기 힘의 큰 부분을 사용하고, 더 나아가 불필요한 불화
와 내분으로 공공의 부를 감소시킨다. 또한 이 모든 것에 더
해, 말하자면, 바로 이 사회체제는 일에 대한 혐오감, 즉 노
동을 역겨워하는 감정을 만들어 내는 각별한 특징을 지니
고 있다."

"도처에서 노동자와 장인과 사무원이 자기 지위와 직업
에 관해 불평하는 말을 들을 수 있지만, 그들은 하는 수 없
이 자기에게 부과된 일에서 벗어날 수 있는 날을 갈망한다.
노동을 혐오하고, 노동의 중심 동기가 굶주림에 대한 두려
움일 뿐이라는 것이 바로 문명화된 노동의 크고 치명적인
특징이다. 문명사회의 노동자는 중노동 징역형을 받은 사람
이다. 생산노동이 즐거움과 연관되지 않고 고통, 권태, 혐오

와 연관되도록 조직되는 한, 할 수 있는 사람은 모두 그 노동을 피하려 하는 경우가 늘 발생할 것이다. 거의 예외 없이, 필요 때문에 어쩔 수 없이 일을 하는 사람들만이 그 일을 하는 것에 동의할 것이다. 따라서 가장 수가 많은 계급, 사회적 부의 고안자들, 모든 평안과 쾌락을 만들어 내는 사람들은 언제나 가난과 굶주림을 끼고 살도록 강요당할 것이다. 그들은 언제나 무지와 수모의 노예가 될 것이다. 게으른 상위 계급의 우아한 음식과 사치스러운 흥밋거리를 마련하느라 사회라는 거대한 작업장에서, 논밭이나 판매대에서 머리를 조아린 채 질병으로 발육이 덜 되거나 죽어 가는 거대한 무리의 짐 진 짐승의 삶을 언제나 계속해서 살 것이다."

"매력적인 노동의 방법이 창안되지 않는 한, 소수의 부자가 존재하기 위해 수많은 빈자들이 있어야 한다는 것은 계속해서 사실이 될 것이다. 이것이 스스로를 기독교인 또는 철학자라고 부르는 사람들의 입에서 영원한 진리로 날마다 인용되고 있는 것이며 이는 우리가 듣고 있는 비열하고도 혐오스러운 말이다! 억압, 속임수, 그리고 특히 빈곤이, 노동을 혐오하는 것이 특징인 모든 사회 상태의 불변의 치명적 속성인데, 이런 경우에는 사람들에게 일하도록 강요하는 빈곤만이 있기 때문이다. 또한 이것을 입증하는 사실이 있는데, 만일 모든 노동자가 갑자기 부자가 된다면, 모든 노동의 20분의 19가 곧바로 포기될 것이라는 사실이 그것이다."

푸리에주의자들의 견해에 의하면, 오늘날 사회질서의 경향은 상대적으로 소수의 어마어마하게 부유한 개인이나 회사의 수중에 부를 집중시키고, 공동체의 나머지 사람들을 그 소수에게 완전히 의존하도록 만드는 것이다. 이것이 푸리에에 의해 **산업의 봉건제도**라고 이름 붙여졌다.

"M. 콩시데랑은 이렇게 말한다. '이 봉건제도는 산업과 영토의 소유권의 가장 큰 부분이 그 모든 수익을 흡수하는 소수에게 있는 반면, 작업 의자에 묶여 있거나 땅에서 일하는 대다수 사람들은 자신에게 던져지는 턱없이 적은 돈을 갉아먹는 데 만족해야 하는 순간 형성된다.'"

이 끔찍한 결과는 앞선 M. 루이 블랑의 인용문에서 묘사되었듯 경쟁의 발달만으로, 그리고 M. 콩시데랑이, '돈을 빌려주는 자본가들'이 점점 더 많은 정도로 노동이나 위험의 감수 없이 그 수익의 점점 더 많은 부분을 받는, 나라의 전체 땅과 자본에 대한 저당으로 간주하는 국가 부채의 증대에 도움을 받으면서 그 일부가 생겨난다.

3장
사회주의가 제기하는 반대에 관한 검토

"지금 필요한 토론은 현존하는 사회의
제1의 원칙들까지 들여다보는 토론이다."

– 존 스튜어트 밀

3장: 사회주의가 제기하는 반대에 관한 검토

앞 장에서 주목한 여러 가지 문제가 현존하는 사회질서에 불리하거나 이 세상에 사는 인간 자신의 위치에 불리한 끔찍한 실상을 보여 준다는 것을 부정하는 것은 불가능하다. 사회가 얼마나 많은 해악에 주목해야 하는지, 인간이 얼마나 많은 해악에 주목해야 하는지가 해결해야 할 주요한 이론적 문제다. 그러나 가장 강력한 진상은 과장되기가 쉽다. 또한 내가 인용한 구절들만 보아도, 가장 유능하고 가장 솔직한 사회주의자들의 주장에 그러한 과장이 적지 않다는 것이 많은 독자들에게 명백히 드러날 것이다. 그들이 단언하는 바 가운데 많은 내용이 반박할 수 없는 것이지만, 적지 않은 내용이 정치경제학 오류의 결과다. 이 때문에, 마지막으로 말하건대, 정치경제학자들이 주장한 정책의 어떤 실제 원칙도 부정하고자 하는 것이 아니다. 나는 경제적 사실에 관한 무지와 있는 그대로 사회의 경제 현상이 실제로 결정되는 원인에 관한 무지를 말하는 것이다.

첫째로 모든 유럽 국가의 통상 노동임금이 대중의 물질적이고 도덕적인 필수품을 웬만한 정도로 공급하기에 형편없이 부족하다는 것은 슬프게도 사실이다. 그러나 이 불충분한 보수조차 더 떨어지는, 즉 M. 루이 블랑의 말에 의하자면 지속적 임금 하락의 경향이 있다는 주장까지 나아가게 되면, 이 주장은 모든 정확한 정보와 수많은 악명 높은 사실들과 맞지 않는다. 돈 또는 소비 물품으로 추산할 때 노동의 통상 임금이 하락하고 있는 문명 세계 국가가 있다는 것은 여전히 입증이 필요한 주장이다. 반면에 많은 국가에서 대체로 볼 때 임금이 오르고 있다. 또한 점진적이 아니라 급속하게 이루어지고 있는 임금 상승도 있다. 때로는 점차 다른 분야로 대체되는 산업 분야가 있는데, 이런 산업 분야에서는 생산이 수요에 부응할 때까지 임금이 떨어진다. 이것은 해악이지만 일시적 해악이고, 현재의 사회경제체제에서도 크게 완화될 여지가 있을 것이다. 특정 직업에서 이렇게 나타나는 노동 보수의 하락은, 다른 직업에서 나타나는 증가된 보수 또는 보수의 새로운 원천의 효과이자 증거다. 어떤 선도적 산업 분야의 임금 하락 현상을 이해하기 위해서는 현재 시점의 어느 달이나 해의 특별히 하락한 임금과 이전 시기의 평균 임금 또는 아주 예외적으로 높은 임금을 비교해야 한다는 것을 언제나 발견하게 된다. 이러한 변동은 틀림없이 아주 나쁜 것이지만, 과거 시대 경제사에서도 지금만큼이나 자주 가혹하게 일어났다. 더 커진 거래 규모, 그리고 각각의 변동에 관여하고 있는 더 많은 수의 사람들이 그 변동을 더 크게 보이게 할 수 있지만, 더 많은 사람들이 더 많은 고통 받는 사람들을 만들어 낸다 할지라도, 그들 각자에게 개별적으로 미치는 해악은 더 무겁지 않다. 개선되고 있다는 증거는 많지만 유럽 국가에서 노동 대중의 삶의 방식이 악화되고 있다는 믿을 만한 증거는 전혀 없다. 이와 반대되는 현상이 어딘가에 있다면, 그것은 지역적이거나 부분적인 것이고, 어떤 일시적 재난의 압력이나 바로잡을 수 있는 어떤 나쁜 법이나 정부의 현명치 못한 행위에서 늘 그 원인을 찾을 수 있는 것인 반면에, 영속적 원인은 모두 개선되는 방향으로 작동하고 있다.

따라서 M. 루이 블랑은 낮은 임금과 지나치게 급속한 인구 증가 사이의 관계를 인정한다는 점에서 볼 때, 과거의 평등주의와 민주주의 학파보다는 훨씬 더 계몽된 모습을 보여 주는 반면에, 맬서스와 그의 추종자들이 최초로 범한 것과 똑같은 오류, 즉 인구는 생존할 수 있는 정도보다도 더 큰 증가의 힘을 가지고 있기 때문에 인구가 생존에 미치는 압력은 언제나 더 심하게 증가할 수밖에 없다고 가정하는 오류에 빠진 것으로 보인다. 양자의 차이는, 초기 맬서스주의자들은 이 힘을 억제할 수 없는 경향으로 생각한 반면, M. 루이 블랑은 이 힘을 억제할 수 있는데 그것은 공산주의 체제하에서만 가능하다고 생각한다는 점이다. 인구 과잉 경향이 현존하는 사회질서에서뿐만 아니라 공산주의에서도 다루어야 할 사실이라는 것은 그 사실을 볼 수 있게 될 때 아주 중요한 점이 된다. 또한 이 필연성이, 현존하는 모든 사회주의 학파의 가장 주목할 만한 우두머리들에 의해 받아들여지고 있다는 것은 아주 크게 기뻐할 만한 일이다. M. 루이 블랑 못지않게 오언과 푸리에도 그 사실을 받아들였고, 자신들의 각각의 체제가 이 난점을 다루는 데 발군의 역량을 발휘해야 한다고 주장했다. 그러나 이것이 사실이라 할지라도 이제까지의 경험에 의하자면 낮은 임금의 주요 원인인, 현존하는 사회에서 생존에 미치는 인구의 압력은 큰 문제이기는 하지만 증가하는 해악은 아니다. 그와는 반대로, 문명이라 불리는 것의 진보는, 일부는 노동을 고용하고 유지하는 수단의 더 빠른 속도에 의해, 일부는 새로운 국가 및 고용이 이루어지지 않은 분야에 노동력을 수출하기 위해 노동에 개방된 증가한 기관들에 의해, 일부는 대중의 지성과 신중함의 전반적 개선에 의해 그 해악을 감소시키는 경향이 있다. 의심할 바 없이 이 진보는 느리다. 그러나 이러한 진보가 어쨌든 많이 이루어져야 하는 반면에 우리에게 더 많은 진보가 이루어진다면 위에서 특정한 두 가지 개선 원인의 힘을 틀림없이 크게 증가시킬, 전체 민중의 교육을 위한 대중운동이 아직 걸음마 단계에 있을 뿐이다. 물론 어떤 사회 형태가 생존에 대한 인구의 압력을 성공적으로 다룰 수 있는 가장 큰 힘을 지니고 있는지에 관해서는 토론의 여지는 있고, 이 문제에 관해 사회주의를 옹호할 만한 말을 많이 할 수 있다. 사회주의의 제일의 약점이라고 오랫동안 생각되어 온 점이 아마도 사회주의의 제일의 강점이 될 것이다. 그러나 사회주의가 과잉인구를 만들어 내는 가난의 독특한 경향을 통해 수많은 인간의 일반적이고 점증하는 삶의 질 저하를 막는 유일한 수단으로 간주될 만한 권리는 가지고 있지 않다. 오늘날 사회는 그러한 나락으로 떨어지고 있는 것이 아니라, 속도는 느리지만 점점 더 그러한 상태에서 빠져나오고 있고, 만일 나쁜 법률이 방해하지 않는다면 이 개선은 꾸준히 진행될 것 같다.

　다음으로, 일반적으로 사회주의자들, 그들 가운데 가장 깨어 있는 이들조차도 경쟁의 작용에 관해 아주 불완전하고도 편파적인 관념을 지니고 있다. 그들은 경쟁이 낳는 효과의 절반만을 보고 다른 절반은 간과한다. 그들은 경쟁을 모든 사람의 보수를 끊임없이 낮추는 요인으로 본다. 모든 사람이 자기 노동에 대해 더 낮은 임금을, 또는 자기 상품에 대해 더 낮은 값을 받게 강요하기 때문이라는 것인데, 이것은 모든 사람이 자기 노동이나 자기 상품을 어떤 거대 독점 자본가에게 처분해야 하고 그 경쟁이 완전히 한쪽에서 이루어질 때에만 진실일 것이다. 그들은 경쟁이 낮은 값과 가치뿐만 아니라 높은 값과 가치의 원인이기도 하다는 것, 노동과 상품의 판매자뿐 아니라 구매자 역시 경쟁한다는 것, 그리고 만일 노동과 상품의 값을 가능한 한 낮게 유지하는 것이 경쟁이라면, 그것을 더 낮게 떨어뜨리지 못하게 하는 것역시 경쟁이라는 것을 잊고 있다. 사실은, 경쟁이 양쪽에서 완전히 자유롭게 이루어지면 그 경향은 물건 값을 특별히 올리거나 떨어뜨리는 것이 아니라 고르게 만들고, 보수의 불평등성을 없애고 모든 것을 평균으로, 즉 (의심할 바 없이 불완전하게) 실현된 것에 관한 한 사회주의 원리로 볼 때는 바람직한 결과를 낳게 될 것이다. 그러나 만일 값을 올리게 하는 경쟁 효과 부분을 무시하면서 값을 내리는 효과에 우리의 관심을 고정시키고 노동계급의 이익에만 관련 지어 이 효과에 관해 고찰한다면 다음과 같이 보일 것이다. 즉, 만일 경쟁이 임금을 낮추고, 그래서 노동계급이 노동시장을 경쟁의 영향에서 완전히 빠져나가도록 만들고 그들이 그렇게 할 수 있다면, 다른 한편으로 그것은 임금을 들여 만들어 내는 물건 값을 낮추는 공적을 인정받게 되고, 임금에 의존하는 사람들에게 큰 이익이 될 것으로 생각될 것이다. 이 생각을 변명하기 위해 사회주의자들은 M. 루이 블랑을 인용하면서 우리가 말했듯이 가장 부유한 경쟁자가 자신의 모든 경쟁자들을 없애 버리면 그가 시장을 장악하고 자신이 원하는 어떤 값이라도 요구할 수 있기 때문에, 경쟁이 만들어 내는 낮은 상품 가격은 기만적인 것이며 결국은 이전보다도 더 높은 가격으로 이어진다고 단언한다. 자, 우리가 가장 흔히 경험하는 사실은 실제로 자유로운 경쟁하에서는 이러한 상황이 완전히 허구라는 것이다. 가장 부유한 경쟁자는 자신의 모든 경쟁자들을 없애 버리지도 않고 없애 버릴 수도 없으며 스스로 시장을 독점 소유하지도 않는다. 또한 이전에는 여러 분야로 나뉘어 있던 산업이나 상업의 모든 중요한 분야가 소수의 독점자본이 되었거나, 되는 경향을 보여 준다는 것은 사실이 아니다.

위에서 설명한 종류의 정책은 철도의 경우에서처럼 가능한 유일한 경쟁이 두세 개의 대기업 사이에 이루어지고 개별 자본가들의 손이 미치기에는 그 운영 범위가 너무 광대한 경우에는 때때로 가능하다. 또한 이것이 바로, 큰 주식회사가 운영해야 하는 사업은 경쟁에 맡겨져서는 안 되고 그 사업을 국가가 보유하지 않은 경우에는 충분한 경쟁의 부재에 사적으로 관심을 가지게 될 때 얻을 수 있는 것보다 필요한 것을 더 싸게 공급받을 수 있도록 대중에게 보증할 목적으로 규정되어 있는 조건 아래에서, 그리고 때로는 국가가 수정한 조건 아래에서 그 사업이 운영되어야 하는 이유 중 하나다. 그러나 정상적인 산업 분야에서는 한 부유한 경쟁자가 모든 작은 경쟁자들을 몰아낼 수 있는 힘을 갖지 못한다. 어떤 사업들은 여러 작은 생산자나 상인들의 손에서 더 적은 수의 더 큰 생산자나 상인들의 손으로 옮아 가는 경향을 보여 준다. 그러나 이러한 일이 벌어지는 경우는 더 큰 자본의 소유 덕분에 더 강력한 기계, 더 효율적이고 더 값비싼 작업 과정, 또는 사업을 수행하는 더 잘 조직되어 있고 더 경제적인 방식을 채택할 수 있어서, 대규모 업체 상인이 합법적이고도 영구적으로 작은 규모에서 이루어질 수 있는 경우보다 더 싸게 상품을 공급해서 소비자에게 이익이 되고 그에 따라 노동계급에게도 이익이 되며 사회주의자들이 아주 많이 불평하는 공동체 자원 낭비, 그리고 단순한 유통 담당자들과 푸리에가 산업의 기생충들이라고 부르는 다양한 다른 계급의 불필요한 급증을 줄일 수 있는 경우다. 이러한 변화가 이루어지면, 개인이건 주식회사건 그 사업을 분할하는 더 큰 자본가들은 어떤 상당한 상업 분야에서도 있다 하더라도 거의 없게 되는데, 그들 사이에서는 경쟁이 계속해서 이루어지지 않을 정도로 아주 적어질 것이다. 따라서 그들이 더 작은 규모 상인들의 가치를 떨어뜨릴 수 있게 해 주는 비용 절감은 처음과 마찬가지로 나중에도 계속해서 소비자들에게 더 낮은 값으로 전달된다. 따라서 임금이 투여되는 상품을 포함해서 상품 값을 낮추는 데 경쟁을 실시하는 것은 속임수가 아니라 실제이며, 쇠퇴하는 것이 아니라 성장하고 있는 사실이라는 말을 덧붙일 수 있다.

그러나 사회주의자들이 경쟁에 가하는 비난은 아주 완전한 대답을 허용하지는 않지만 마찬가지로 중요한 다른 면들이 있다. 경쟁은 값을 낮추는 가장 좋은 보장이지만 질을 보장하는 것은 전혀 아니다. 생산자와 소비자가 많지 않았던 이전 시대에는 경쟁이 두 가지 모두를 보장했다. 시장은 아주 크지 않았고, 상인이 끊임없이 새로운 고객을 불러들여서 돈을 벌 수 있게 해 주기에 충분한 광고 수단도 없었다. 즉, 그의 성공은 그가 보유한 것에 달려 있었고 상인이 좋은 물건을 공급하거나 하지 않으면, 그 사실이 그 사실에 관련된 사람들에게 금방 알려지고 그는 우연히 걸려든 구매자를 속이는 것으로 벌어들이게 될 이익보다도 자신에게 더 중요한 정직한 또는 부정직한 거래라는 평판을 얻었다. 그러나 경쟁이 엄청나게 늘어나고 경쟁하는 사업의 양이 막대하게 증가하는 큰 규모의 현대적 거래에서는 상인들이 영구적 고객에게 덜 의존하기 때문에 자신에게 평판이 훨씬 덜 중요한 반면, 그들이 받아 마땅한 평판을 얻을 확실성 또한 훨씬 적다. 상인이 선전하는 저렴한 가격은 천 명에게 알려지는데, 어떤 사람이 자기 혼자서 또는 다른 사람에게 들어서 그 상품의 나쁜 질이 그 상품의 싼값보다는 낫다는 것을 발견하기 때문이다. 반면에 동시에 이번에는 어떤 상인들이 벌어들인 훨씬 더 많은 돈이 모든 사람들의 탐욕을 자극하고, 재빠르게 이득을 보고자 하는 탐욕이 자기 사업으로 먹고 살겠다는 적절한 욕망을 밀어낸다. 이런 식으로 해서 부가 증가하고 더 큰 당첨금을 손에 넣을 수 있을 것처럼 보임에 따라 도박 심리를 지닌 더욱더 많은 사람들이 상업계로 모여

든다. 또한 이러한 현상이 지배하는 곳에서는 신중함에 관한 가장 단순한 금언들이 무시될 뿐만 아니라, 가장 위태로운 것을 포함하여 돈에 관한 온갖 형태의 사악함이 끔찍할 정도로 부추겨진다. 이것이 바로 현대적 경쟁의 격렬함이라 불리는 것의 의미다. 이 격렬함이 일정한 높이에 다다르면, 그리고 어떤 물건의 생산자나 그것을 취급하는 상인들의 일부분이 불순물을 섞거나 계량을 모자라게 하는 등등, 지금은 아주 많은 불만을 사고 있는 이익의 방법에 기대면, 이런 방법을 쓰지 않았을 사람들에게도 이 사기의 관행을 쓰게 하는 엄청난 유혹이 있을 것이다. 대중은 낮은 값이 이 사기에 의해 기만적으로 만들어졌다는 것을 알지만, 그 물건이 더 낮은 값의 가치도 없다는 것을 처음에는 알아내지 못하기 때문이다. 또한 그들은 더 좋은 물건에도 더 높은 값을 지불하지 않으려 할 것이고, 정직한 상인은 형편없이 불리한 위치에 놓일 것이다. 이런 식으로 소수에 의해 시작된 사기가 상업의 관행이 되고, 상업계급의 도덕성은 더욱 더 나빠진다.

따라서, 이 점에 관해서는 사회주의자들이, 큰 해악일 뿐만 아니라 인구와 부의 성장과 함께 성장하거나 성장하는 경향이 있는 해악이기도 한 존재를 실제로 알아냈다. 그러나 사회는 이 해악을 붙들고 싸울 수 있는 이미 존재하는 수단을 아직 한 번도 써 보지 못했다는 사실을 말해야 한다. 상업의 사기를 다스리는 법률은 아주 결함이 많지만, 그 집행에는 훨씬 더 결함이 많다. 그 법률을 집행하는 것이 누군가의 특별한 의무가 되지 않는다면 이렇게 설명하고 있는 법률이 실제로 집행될 기회는 없을 것이다. 이 법률 집행에는 검사가 특히 필요하다. 지금은 법원에 거의 제소되지 않거나 제소되더라도 이 나라의 사법 행정이 아주 지나치게 관대하게 대하는 악행을 저지르는 계급을 형법이라는 수단으로 제압하는 것이 얼마나 가능한지를 여전히 알아야 한다. 그러나 수많은 대중에게, 일상에서 소비하는 물건의 값이나 질에 영향을 미치는 이 사기를 저지르는 가장 중요한 계급은 협동조합 소매점(cooperative store) 제도로 상당한 정도를 압도할 수 있다. 이 방안을 통해 이 목적에 함께하고자 하는 소비자라면 누구나 소매상을 뛰어넘어서 도매상으로부터, 또는 더 좋게는(지금은 도매 협동조합 업소가 세워져 있다) 생산자로부터 직접 물건을 얻을 수 있는데, 이렇게 해서 지금은 유통 계급에게 지불하고 있는 무거운 세금을 면하면서, 동시에 불순물을 섞거나 다른 사기를 치는 흔히 보는 가해자들을 없앨 수 있다. 이렇게 하면 유통은 물건의 싼값과 좋은 질에만 관심이 있는 사람들에게 선택되어 보수를 받는 대행자들이 수행하는 일이 되고, 유통 담당자들은 해야 할 일의 양에 실제로 요구되는 만큼의 인원으로 줄어들 수 있다. 이 방안의 난점은 그 관리인에게 요구되는 노련함과 신뢰성, 그리고 그 단체 전체가 이 관리인에게 행사하는 통제의 불완전성에 있다. 그러나 이 체계의 큰 성공과 급속한 성장은 이 난점이 웬만큼 극복되고 있음을 증명한다. 어쨌든 만일 싼값을 촉진하는 소매상들의 경쟁이라는 유익한 경향이 기정사실이고 다른 안전장치에 의해 대체된다면, 질을 떨어뜨리는 경쟁이라는 해로운 경향이 적어도 제거된다. 또한 협동조합 소매점의 번창은 이러한 이익이 싼값을 손상하지 않을 뿐만 아니라 큰 이점을 수반하면서 획득된다는 사실을 보여 주는데, 그 이익 덕분에 그 업체가 소비자들에게 공급되는 모든 물건의 가격에 해당하는 것의 대부분을 되돌려 줄 수 있기 때문이다. 따라서 이러한 해악 계급에 관한 한 효과적 처방이 이미 시행되고 있고, 그것은 사회주의 원리에 의해 제안되고 일부는 그것에 기초하고 있다 할지라도 현존하는 소유 구조와 모순되지 않는다.

상인과 은행가들이 그들 사이에서, 또는 그들과 그들에게 돈을 맡긴 사람들 사이에서 저지르고 있고 그중 아주 많은 개탄할 만한 경우들이 악명을 갖게 된, 더 크고 더 음모적인 경제적 사기 또는 사기와 맞먹는 위법행위에 관해서는 위에서 설명한 처방이 소용없고, 현존하는 사회구조가 그것에 맞설 수 있게 해 주는 유일한 방책은 여론에 의한 더욱 엄중한 질책과 법률에 의한 더욱 효과적인 제압이다. 이 방책 가운데 아무것도 효과적으로 시도된 바가 없다. 대개 이러한 부정직한 관행이 드러나는 것은 파산이 발생할 때인데, 가해자가 악인 계급이 아니라 파산한 채무자 계급에 자기 자리를 잡는다. 또한 이 나라와 그 밖의 나라들에서 법률이 이전에는 단순 파산에 대해서는 아주 미개했기 때문에, 인간의 견해가 기울어지기 쉬운 그렇게 미개한 반응 가운데 한 가지에 의해 파산자는 주로 동정의 대상으로 간주되었고, 법률과 여론 두 가지 모두가 파산자를 아주 가볍게 압박하는 법은 없다고 생각되는 것 같았다. 일반적으로 위법 행위를 처벌할 때 피해자에 대한 배상 문제를 완전히 무시하는 우리 법률의 한 가지 방향과 반대되는 방향의 오류에 의해 우리의 파산 법률은 한동안 채권자가 그의 소유로 남아 있는 것을 회수하는 것을 거의 유일한 대상으로 삼았는데, 이 때문에 최초의 목적과 직접 연관되어 있지 않는 모든 잘못에 대해서 파산 책임을 처벌하는 것에 거의 어떤 중요성도 부여하지 않았다. 지난 3~4년 동안 약간의 반작용이 있었고, 파산에 어느 정도 덜 관대한 한 개 이상의 파산법이 통과되었다. 그러나 주요하게 고려한 목적은 여전히 채권자의 금전적 이익이고, 적은 수의 아주 뚜렷한 위법행위를 제외한 파산 자체의 범죄 행위는 처벌에서 거의 빠져나간다. 따라서 적어도 이 나라에서는 사회가 상업의 부정직성이 가해자를 위험하게 만들 수 있는 자기 소유의 능력을 발휘하지 않았다고 자신 있게 단언할 수 있다. 그와는 반대로, 상업의 부정직성은 모든 이익을 사기꾼이 갖게 만드는 도박의 속임수다. 만일 그 속임수가 성공한다면 사기꾼에게 돈을 벌어 주거나 지켜 준다. 만일 실패한다면, 기껏해야 그는 운에 맡겨 보자고 결정할 때 아마도 이미 닥쳤을 정도의 가난을 맞게 되고, 이 문제를 깊이 조사해 보지 않은 사람으로, 그리고 심지어는 불명예스러운 것이 아니라 불운한 사람으로 분류된다. 범죄성 파산을 다루는 더 도덕적이고 합리적인 방식이 시도되고 실패할 때까지는 상업의 부정직성은 그 유행이 상업의 경쟁과 분리될 수 없는 해악으로 평가될 수 없다.

　노동조합원들, 그리고 자본에 맞서는 노동의 그 밖의 동지들뿐만 아니라 사회주의자들도 크게 오해하고 있는 또 다른 논점은, 나라의 생산물이 실제로 분배되는 비율, 그리고 다른 사람들을 부유하게 만들기 위해 생산하는 사람들로부터 실제로 전용되는 것의 총액과 관련되어 있다. 나는 지금으로서는 토지에 관해서는 말을 자제하는데, 이것은 별도로 다룰 주제이기 때문이다. 그러나 사업에 사용되는 자본에 관해서는 일반적으로 생각하는 것에 엄청난 착각이 있다. 예컨대 어떤 자본가가 자기 사업에 2만 파운드를 투자해서 해마다 2천 파운드의 수입을 올린다면 흔히 드는 생각은 그가 2만 파운드와 2천 파운드 두 가지 모두의 수익자인 반면, 노동자들은 임금밖에 갖는 것이 없다는 것이다. 그러나 사실 그는 2만 파운드를 조금도 자기 것으로 쓰지 않는 조건으로 2천 파운드를 획득할 뿐이라는 것이다. 그는 그 돈의 합법적 지배권을 가지고 있고 마음만 먹으면 그것을 허비할 수 있지만, 만일 그렇게 하면 해마다 2천 파운드를 가질 수도 없을 것이다. 그가 자기 자본에서 수입을 얻는 한 그는 그 자본을 자기 마음대로 다른 사람들이 이용하지 못하도록 할 수는 없다. 건물과 기계와 그 밖의 생산수단을 이루고 있는 그의 투자 자본 전체가 생산에 쓰일 뿐 어느 누구의 생계나 쾌락에는 쓰일 수 없다. 그렇게 쓰이는 것은 (건물과 도구를 유지하거나 새로 만드는 데 투자되는 것을 포함하여) 노동자들에게 주는 보수와 생산물에 대한 몫의 용도로 지출

된다. 개인이 하는 모든 일을 위해 노동자들은 자본을 지니고 있는 셈이고, 자본 자체는 자본가 자신의 필요가 아니라 노동자들의 필요를 충족하기 위해 사용된다는 조건 위에서 자본이 자본가에게 허락하는 이익만을 자본가가 갖는다. 자본이 자본 그 자체에 대해 보유하는 이익의 비율(더 정확히 말하자면 자본에서 순환하는 부분)은 생산물 중 자본가의 몫이 노동자들 몫의 총합에 대해 가지는 비율이다. 그의 몫으로도 작은 부분이 자본주인 그에게 돌아갈 뿐이다. 자본에 오직 자본으로 떨어지는 생산물 부분은 이자율로 측정되는데, 그것이 바로 자본주가 자본 자체 이외에는 생산에 기여하는 바가 없을 때 획득하는 것이기 때문이다. 그런데 가장 안전하다고 생각되는 공공자금에 있는 자본의 이자율은 현재 시세로(이것은 몇 년 동안 변동이 크지 않았다) 3½퍼센트다. 이 투자에도 작은 위험, 즉 지불 거절의 위험과 어떤 상업 위기 시에는 낮은 가격으로 생산물을 팔아야 하는 위험이 있다.

이 위험을 ½퍼센트로 어림잡으면 나머지 3퍼센트를, 손실에 대비한 보험료를 제외하고, 자본의 보수로 볼 수 있다. 저당 보증이 있으면 대개 4퍼센트를 얻지만, 이러한 거래에는 상당히 더 큰 위험, 즉 우리의 나쁜 법률 체계에서는 큰 법률 비용을 치르면서 보증을 실현하면서도 소유권은 불확실한 위험이 있다. 또한 원금이 안전할 때조차 이자를 받는 것이 늦춰질 가능성도 있다. 때때로 있는 일처럼 노력과 무관하게 단지 돈이 큰 수입을 올려 주는데, 예컨대 철도나 다른 회사의 지분을 통해 얻는 잉여금은 6퍼센트였던 1년 배당금이 0퍼센트로 되었다가 $1\frac{1}{2}$퍼센트까지 떨어졌고 120에 산 지분을 겨우 43에 팔 수밖에 없었던 브라이튼 철도의 경우에서처럼, 부실 경영에 의해 자본 전체 또는 일부분을 잃어버릴 위험과 같은 것일 수 없다. 낭비벽이 있는 사람과 궁핍한 사람에게는 높은 이자율로만 대출이 된다는 말을 이따금 듣는데, 그것은 손실의 위험성이 커서 돈을 가진 사람 중에 그들에게 대출할 만한 사람을 거의 찾을 수 없기 때문이다. '고리대금'을 노동계급이 진 극심한 고통의 짐이라고 격렬하게 항의할 만한 이유가 거의 아주 없는 것이다. 따라서 제조업자나 사업에 관여하는 다른 개인이 자기 자본으로부터 약 3퍼센트밖에 얻지 못하는 이익을 자본 자체에 할당된 이익으로 볼 수 있다. 만일 자본가가 해마다 재생산되는 자본가 자본 전체를 이미 공유하고 있는 노동자들에게 이 이익 전체를 넘겨줄 수 있어서 기꺼이 그렇게 한다 하더라도, 노동자들의 주급에서 늘어나는 액수는 미미할 것이다. 자본가가 3퍼센트 넘게 획득하는 것 중에 대부분은 그에게 닥칠 수 있는 여러 가지 손실에 대한 보험으로 충당되기 때문에 개인 용도로 안전하게 쓸 수 없고 손실이 발생할 때를 대비해서 보관되어야 한다. 이 나머지는 사실 자본가의 기량과 근면의 보수, 즉 그의 관리 노동의 보수인 것이다. 의심할 바 없이 만일 자본가가 사업을 아주 성공한다면 그가 받아야 할 이 임금은 아주 많아서 그가 고용되었을 때 그 기량과 근면으로 받아 낼 액수와는 비교도 되지 않을 것이다. 그러나 그 반면에 자본가는 직장에서 쫓겨날 위험보다도 더 나쁜 위험, 즉 한 푼도 벌지 못하는 일을 하고 임금도 없이 노동과 근심을 바치는 위험을 무릅쓴다. 나는 이런 장애가 특권을 상쇄한다거나 그 사람을 다른 이들에게 봉사하는 숙련된 관리자가 아니라 자본가와 노동 고용자로 만들어 주는 위치로부터 그가 아무 이득도 얻지 못한다고 말하는 게 아니라, 그의 이득의 양을 큰 포상으로만 평가해서는 안 된다는 것이다. 만일 우리가 어떤 사람들의 이득으로부터 다른 사람들의 손실을 빼고, 숙련된 관리자의 시장 가격에 근거하여 대차대조를 통해 양쪽 모두의 근심과 기량과 노동에 대한 공정한 보상을 제한다면, 남게 될 것은 틀림없이 상당하겠지만 해마다 재생산되고 임금으로 지출되는 국가 전체 자본과 비교하면 그것은 일반적으로 상상하는 것보다 아주 훨씬 더 적다. 또한 만일 그것 전체가 노동자들의 몫에 더해진다면, 그것은 기계의 중요한 발명이나 불필요한 유통업자와 그 밖의 '산업 기생충들'의 제압으로 얻을 수 있는 그들 몫의 증가보다 적게 될 것이다. 그러나 자본에 보수를 지불하는 산업 생산물 비율의 추산을 완성하기 위해서는, 생산물을 생산하는 데 실제로 사용되는 자본에 의해 생산물로부터 벌어들이는 이익에서 멈추지 말고, 비생산적으로 소모되다가 이제 더는 존재하지도 않는 자본의 이전 소유자들에게 지불되고 있는데 그것이 물론 다른 자본의 생산물로부터 지불되는 것까지 함께 계산해야 한다. 이러한 성격을 지닌 것 중에는 국가 부채에 대한 이자가 있는데 이것은 다소간 국가 자체가 함께 짊어지고 있는, 과거의 난점과 위험 요소 또는 과거 통치자의 어리석음이나 방탕함 때문에 국가의 빚으로 남아 있는 것이다. 이것에다 토지 소유자와 다른 비생산적 소비자의 빚에 대한 이자가 추가되어야 한다. 빌린 돈이 토지 생산력의 수익을 높이도록 개선하는 데 쓰인 경우만 여기서 제외된다. 부동산 자체, 즉 사적 개인이 토지를 빌리는 데 충당한 비용에 관해서는, 앞서 말했듯이 차후 토론할 문제로 남겨둔다. 토지소유권은 바람직하게 생각하는 방식도 다양하기 때문이다. 즉, 인간의 노동과 절제의 산물인 어떤 것에 관해서도 재산권에 개입하지 않으면서도 모든 토지를 국가 재산으로 선언할 수 있기 때문이다.

　사회주의와 현존하는 사회 상태 사이의 진정한 논점을 정확하게 이해하기 위해서는 사회주의가 과장하는 것들을 완화하는 이러한 언급을 통해 사회주의 문제에 관한 토론을 시작하는 것이 바람직해 보인다. 많은 사회주의자들이 믿고 있는 것처럼 현 체제가 우리를 사회주의만이 구할 수 있는 일반적 극빈과 노예 상태로 몰아가고 있지는 않다. 현 체제 하에서 겪는 해악과 불의는 크지만 그것들이 증가하고 있지는 않다. 그와는 반대로 일반적 경향은 그것들이 서서히 감소하는 쪽이다. 게다가 자본과 노동 사이의 분배의 불평등은 그것이 아무리 자연스러운 정의의 감정에 충격을 가한다 할지라도, 그 불평등을 단순히 평등하게 만드는 것에 의해서는, 사회주의자들과 그 밖의 많은 사람들이 추측하기 쉬운 대로 낮은 보수 수준을 높일 만큼 많은 자금을 전혀 제공하지 못할 것이다. 오늘날 사회를 지배하고 있는 어떤 남용이나 불의도 그 사회를 단순히 폐지함으로써 인간이 고통에서 빠져나와 행복해질 수 있는 것은 한 가지도 없다. 우리에게 지워진 의무는, 삶의 불가피한 난점들을 극복하기 위한 가장 큰 자산을 어느 체제가 제공하는지를 판단하는 관점으로 두 가지 사회체제를 차분히 비교해 보는 것이다. 그런데 만일 우리가 이 의문에 답하는 것이 대개 생각하는 것보다 더 어렵고 지적이며 도덕적인 조건에 더 많이 달려 있다는 것을 알게 된다면, 실제로 실험적 규모를 통해 이 문제에 대한 답을 계산해 낼 만한 시간이 우리 앞에 있다는 사실을 곰곰이 생각해 보는 것이 좋을 것이다. 사회주의 제도의 실행 가능성이나 이로운 기능을 시험할 수 있는 다른 방법은 없고, 현재의 경제체제에 최선의 기회를 부여하기 위해 사회주의의 지적이고 도덕적인 토대에 관해서 필요한 개선의 지침이 되는 원칙들을 많은 경우 제공하는 가장 집중적인 연구를 해야 마땅하다는 것을 우리가 알게 될 것이라고 나는 믿는다.

4장
사회주의의 난점

4장: 사회주의의 난점

　스스로를 사회주의자라 부르는 사람들은 두 부류로 구별할 수 있다. 우선, 사유재산과 개인 간 경쟁을 다른 행동 동기로 대체하는 새로운 사회질서를 위한 계획을 마을 공동체나 읍(township) 규모에서 세우고 그러한 자율 행동 단위를 늘려서 나라 전체에 적용해 보고자 하는 사람들이다. 이러한 성격의 계획 중에는 오언과 푸리에가 제시한 체제가 있는데, 이들은 일반적으로 더 생각이 깊고 철학적인 사회주의자들이다. 영국보다는 대륙의 산물이고 혁명적 사회주의자들이라고 불릴 수 있는 다른 부류는 훨씬 더 대담한 행동을 기도한다. 그들의 계획은 하나의 중앙당국, 즉 중앙정부가 나라의 생산 자원 전체를 관리하는 것이다. 또한 이러한 관점을 지닌 그들 중 일부는 노동계급 또는 그들을 대표하는 누군가가 나라의 전체 재산을 소유하고 전체의 이익을 위해 그것을 운영하는 것이 자신들의 목적이라고 공언한다.

　이 두 가지 형태의 사회주의 가운데 첫째 부류의 난점은 무엇이 됐든, 둘째 부류 역시 그와 똑같은 난점과 그 이상의 것을 틀림없이 명백히 수반한다. 전자는 큰 장점을 갖고 있기도 해서 진보적으로 실행될 수도 있고 실시됨으로써 그 역량을 증명할 수도 있다. 이 형태의 사회주의는, 선택된 사람들에게 우선 시도해 보고 교육과 교양이 허용하는 범위에서 다른 사람들에게 확장될 수 있다. 그것은 재건의 수단이 될 수도 있다는 것을 스스로 보여 줄 때까지는 전복의 수단이 될 필요도 없고, 자연스러운 사물의 질서 속에서는 그렇게 되지도 않을 것이다. 후자의 경우는 그렇지 않다. 즉, 후자의 목표는 단 한 번의 타격으로 낡은 통치를 새로운 통치로 대체하고, 현 체제 하에서 실현된 이익의 양과 그것을 개선할 큰 가능성을, 이제까지 항상 사회조직에 작용해 온 원동력 없이 사회생활의 모든 활동을 수행하는 가장 극단적인 형태의 문제 속으로 아무 준비 없이 뛰어드는 행동과 맞바꾸는 것이다. 아직까지 어떤 실험의 증명에 의해서도 확인되지 않은 자기 자신의 사적 견해의 힘에 의지하여 이러한 게임을 하고자 하는 사람들, 즉 지금 물질적으로 편안하게 살고 있는 사람들로부터 그 생활을 유지하는 현재의 수단을 강제로 빼앗고자 하고, 만일 그 시도가 저항에 부딪히면 뒤따르게 될 끔찍한 유혈 사태와 참상을 무릅쓰고자 하는 사람들은 한편으로는 자기 자신의 지혜에 침착한 자신감을, 다른 한편으로는 다른 사람들의 고통에 대한 무모함을 지니고 있어야 하는데, 여기서 이 두 가지는 이제까지 이 두 가지의 결합된 자질을 지닌 전형적 인물들이었던 로베스피에르와 생쥐스트가 미칠 수 없는 정도의 것이다. 그럼에도 이 계획은 더 신중하고 합리적인 사회주의 형태가 지니지 못하는 큰 인기 요소를 가지고 있다. 이들은 실행하겠다고 공언하는 계획을 재빠르게 실행하겠다고 약속하고 있고, 자신들의 열망 전체가 자기 시대에 일거에 실현되는 것을 보고 말겠다는 희망을 내보이고 있기 때문이다.

그러나 혁명적 형태의 사회주의의 특징은 두 사회주의 형태에 공통된 문제들을 충분히 고찰한 뒤에 아주 편리하게 검토할 수 있을 것이다.

두 가지 조건, 즉 풍부하고도 값비싼 기계와 건물과 그 밖의 생산도구와, 결실을 위해 오랫동안 가동하고 상당한 시간을 기다릴 수 있는 능력에 의존하지 않고는, 세계의 생산물이 현재의 양에 전혀 도달할 수 없을 것이고, 현재 살고 있는 사람 수를 부양하지 못할 것이다. 달리 말하자면 도구와 건물에 고정되어 있으면서 또 순환하기도 하는 자본, 즉 생산 활동이 완성되어 생산물이 나오기 전까지 흐르는 시간 동안 노동자와 그 가족을 먹여 살리는 데 사용되는 자본의 큰 축적이 있어야 한다. 이 필요성은 물질 법칙에 달려 있는 것이고, 인간 삶의 조건 속에 본래 있는 것이다. 그러나 생산의 이러한 필수품, 즉 고정되어 있으면서 순환하는 국가 자본(여기에 토지와 토지 안에 포함되는 모든 것이 추가되어야 한다)은 그것을 사용하는 사람들의 공동 재산이 될 수도 있고 개인 소유가 될 수도 있다. 그런데 문제는 이 중 어느 제도가 인간 행복을 가장 잘 가져다줄 수 있느냐다. 사회주의의 특징은 생산수단과 생산도구를 공동체의 전 구성원이 공동으로 소유하는 것이다. 그 결과 그 소유자 집단의 생산물 분배가 공동체가 정한 규칙에 따라 수행되는 공공 행위가 되어야 한다. 사회주의는 소비하는 물건의 사적 소유, 그리고 자기 몫의 생산물을 받았을 때 그것을 각자가 누리거나 주거나 교환하는 배타적 권리를 전혀 배제하지 않는다. 예컨대 토지는 농사나 그 밖의 생산 목적을 위해 완전히 공동체의 재산이 될 수도 있고, 공동 이익을 위해 경작될 수도 있고, 공동 노동 가운데 계속해서 자기 몫을 다하는 반면 누구의 집이나 지금 그런 것처럼 개인이나 가족에게 보수의 일부로 할당되는 주거지는 그렇게 온전히 자기 것이 될 수 있다. 또한 이것은 주거지뿐만 아니라, 그 협동체(association)의 여건이 허락하는 경우에 그 집에 향유의 목적으로 딸려 있게 되는 모든 관상용 마당 역시 마찬가지다. 사회주의의 두드러진 특징은 모든 것을 공유한다는 것이 아니라 생산을 공동의 이익 위에서 해 나갈 뿐 생산수단을 공동재산으로 보유한다는 것이다. 따라서 오언 씨나 M. 푸리에 씨가 생각하는 마을 규모의 사회주의의 실행 가능성은 논란의 여지가 없다. 하나의 중앙 조직에 의해 한 나라의 생산 전체를 운영하려는 시도는 완전히 다른 문제다. 그러나 웬만한 토양과 기후 조건 아래에서 2천에서 4천 명 주민으로 구성되는 농공 복합 조합은 여러 주식회사를 운영하는 것보다 쉬울 것이다. 생각해 보아야 할 문제는 이 공동 운영이 사적 자본에 의한 사적 산업 운영만큼 효율적이고 성공적일 것인가이다. 또한 이 문제는 두 가지 면, 즉 감독하는 사람 또는 사람들의 효율성, 그리고 단순 노동 대중의 효율성 면에서 생각해 보아야 한다. 그런데 이 문제를 가장 단순한 형태로 이야기하기 위해, 우리는 사회주의의 형태를 단순한 공산주의로, 다시 말해 모든 공유자들에게 생산물을 균등하게 분배하는 것으로, 또는 M. 루이 블랑의 훨씬 더 높은 정의의 기준을 따르자면, 의무의 성격에 따라서도 개인의 공적이나 기여라고 생각되는 것에 따라서도 보수에 차별을 두지 않으면서 필요의 차이에 따라 생산물을 분배하는 것으로 생각해 볼 것이다. 이와는 다른 형태의 사회주의 가운데 특히 푸리에주의가 있는데, 이것은 정의 또는 편의성을 고려하면서, 공동체에 다른 종류나 등급의 기여를 하는 것에 보수의 차등을 두는 것을 허용한다. 그러나 이에 관한 고려는 현재로서는 미뤄질 수도 있다.

사적 소유의 사회경제와 공산주의의 사회경제에 있는 원동력의 차이는 감독하는 사람들의 경우에 가장 클 것이다. 자본을 소유하는(또는 책임지는) 개인이나 개인들이 감독권을 완전히 갖고 있는 현 체제하에서는, 사업이 계속 수행되도록 하는 가장 좋은 관리와 가장 나쁜 관리 사이의 차이에서 나오는 이익 전체가 그 관리를 통제하는 개인이나 개인들에게 누적된다. 즉, 사리사욕이 아닌 후한 마음에 따라서 이익을 부하들에게 나누어 주는 경우를 제외하고는 그들이 관리를 잘해서 얻는 이익 전체를 가져간다. 또한 계속해서 노동자를 고용할 능력을 심각하게 손상할 만한 정도가 아니라면 관리를 잘못해서 입는 손실 전체를 감당한다. 운영의 효율성과 경제성을 위해 최대한도로 자신의 최선을 다하고자 하는 사람의 경우처럼 강력한 개인적 동기는 공산주의하에서 존재하지 않을 것이다. 관리자가 그 협동체의 다른 구성원들과 똑같은 배당금을 생산물로부터 받을 뿐이기 때문에, 남게 될 것은 그렇게 일을 관리해서 가능한 한 많은 배당금을 만들 때 모든 사람에게 공유되는 이익, 그리고 공공심, 양심, 관리자들의 명예와 신용이라는 장려책일 것이다. 이러한 동기들의 힘은 특히 이것들이 결합될 때 엄청나다. 그러나 이 힘은 각양각색의 개인이 서로 아주 다르게 갖고 있고, 어떤 목적을 위해서는 그 밖의 목적을 위해서보다 훨씬 더 강하다. 인류가 이제까지 도달한 도덕적 교양의 불완전한 수준에서 볼 때 경험이 말해 주는 것은, 양심이라는 동기와 신용과 평판이라는 동기는 그것이 대부분 경우에 밀어붙이기보다는 자제하는 쪽이 훨씬 더 강한 힘을 어느 정도 가지고 있을 때조차 평상시 활동을 위해 가장 충분한 힘을 내는 것보다는 좋지 않은 일을 방지하는 데 더 많이 쓰인다는 사실이다. 대부분 사람의 경우, 나태와 안락의 추구라는 상존하는 힘을 극복하고 그 대부분이 본래 지루하고 재미없는 일에 흐트러짐 없이 전념하도록 사람들을 유도하는 아주 변함없고 확고한 단 하나의 유인책이라는 사실을 알게 되는 바로 그 요건은, 자기 자신의 경제 조건과 자기 가족의 경제 조건을 더 낮게 할 것이라는 기대다. 또한 노력을 더 할 때마다 그에 상응하는 결실이 늘어나는 그러한 연관성이 더 긴밀하면 긴밀할수록, 이 동기는 더 강력해진다. 이와 반대되는 상황을 가정하는 것은, 현재 상태의 인간에게 의무와 명예가 이 정서가 각별히 계발된 특별한 행동과 태도에서뿐만 아니라 자신의 삶 전체를 통제하는 데에서도 개인의 이익보다 더 강력한 행동 원칙이라는 암시가 될 것이다. 그런데 아무도 이렇게 단언할 수는 없다고 나는 생각한다. 공적이고 사회적인 감정이 이렇게 효력이 낮은 것은 불가피한 것이 아니라고, 즉 교육의 결과라고 말할 수 있다. 나는 이 사실을 아주 기꺼이 받아들이고, 이 일반적인 도덕적 결함에 예외인 수많은 개인이 지금도 있다는 사실 또한 인정한다. 그러나 이러한 예외 인물들이 다수로 성장하는 데에는, 아니 아주 큰 규모의 소수로 성장하는 데에도 많은 시간이 필요할 것이다. 인간을 교육하는 것은 모든 예술 가운데 가장 어려운 것 중 하나이고, 이것이 바로 교육이 이제까지 전혀 성공하지 못한 원인 중 하나다. 게다가 일반 교육을 개선하는 것은 아주 점진적일 수밖에 없는데, 미래 세대는 현재 세대에게 교육 받고 있고, 교사들의 불완전함은 그들이 학생들을 자기보다 더 낫도록 훈련시킬 수 있는 수준에 극복할 수 없는 한계를 설정하기 때문이다. 따라서 우리는 사람들 가운데 선택된 일부를 상대로 활동하는 것이 아니라면, 더 높은 성격의 동기보다는 개인의 이익이 사회의 산업 활동의 가장 원기왕성하고도 주의 깊은 행동에 오랫동안 더 효과적인 자극이 될 것이라고 예상해야 한다. 지금은 아주 지나친 개인 이득의 탐욕이, 그 탐욕이 무모하고 심지어 부정직한 위험 행동을 하도록 자극하는 것이 불러올 스스로의 종말에 저항한다고 말할 수 있다. 이 탐욕이 이런 일을 벌이고 있는데, 공산주의하에서는 이 해악의 원천이 일반적으로 존재하지 않는다. 실제로, 나쁜 부류건 좋은 부류건 기업은 결함을 지닌 요소이기 십상이고, 일반적으로 사업은 일상의 지배를 받을 가능성이 많다. 더 정확히 말하자면, 외적 제재에 의해 강제되어야 하는 공산주의 공동체에서의 의무 수행으로서는, 각 개인의 의무가 고정된 규칙에 더 가까운 것이 될수록, 그것이 그 개인으로 하여금 그 의무를 수행하게 만들기가 더 쉽다. 이러한 결과가 나타날 가능성을 높이는 환경에서는 관리자들이 독립적으로 행동할 수 있는 권한이 제한되어 있다는 것이다. 그들은 물론 공동체의 선택에 따라 권한을 부여받는데, 공동체에 의해 그들의 기능은 언제든 박탈당할 수 있다. 또한 이러한 체계 때문에 그들은 공동체의 규약이 요구하지 않는다 할지라도, 그 사업을 꾸려 나가는 기존 방식에 어떤 것이든 변화를 꾀하려면 그 전에 그 집단 전체의 동의를 반드시 얻어야 한다. 그 변화에 따른 골칫거리가 종종 아주 크고, 사람들에게 그 위험성이 이점보다 더 명백해 보이는 변화를 자신들이 익숙한 작업 방식에 도입하도록 다수로 이루어진 집단을 설득하는 것의 어려움 때문에, 자신들이 익숙한 방식대로 모든 것을 유지하는 경향이 크게 자리 잡을 것이다. 이에 대해 그 일의 성공에 직접적으로 관심을 지니고 있고 실용적 지식과 판단 기회를 가지고 있는 개인들의 선택이, 현재는 자본의 소유주가 될 사람을 결정하는 일이 아주 자주 있는 우연한 태생보다는, 더 나은 기량을 지닌 관리자들을 만들어 낼 가능성이 일반적으로 더 높다는 반론이 틀림없이 제기될 것이다. 이것은 맞는 말일 것이다. 또한 상속받은 자본가가 공산주의 공동체에서와 마찬가지로 자기보다 더 유능한 관리자를 임명할 수 있다 할지라도, 이 임명이 그 관리자를 공산주의 공동체에서보다 더 높은 수준이 아니라 그와 똑같은 수준의 이점을 갖는 위치에 올려놓게 될 뿐일 것이다. 그러나 다른 한편으로는, 공산주의 체제 하에서 관리에 가장 적격인 개인들은 그것을 떠맡기를 주저하는 일이 아주 잦을 가능성이 많다는 점을 말해 두어야 한다. 오늘날 관리자는 고용된 종업원이라 할지라도 그 사업에 관련된 다른 사람들보다 아주 훨씬 더 많은 보수는 받는다. 또한 그는 자신의 관리 기능이 디딤돌이 되어 더 높은 사회적 위치로 올라가겠다는 야망을 품을 수도 있다. 공산주의 체제에서 그는 이 이점들 가운데 아무것도 가질 수 없다. 그는 다른 어떤 구성원의 몫과 똑같이 공동체 노동의 생산물로부터 나오는 몫을 얻을 수 있을 뿐이다. 그는 임금을 받는 사람에서 자본가 계급으로 신분 상승할 기회를 가질 수 없을 것이다. 또한 다른 어떤 노동자보다도 더 잘살 수 없는 반면에 그의 책임과 근심거리는 아주 훨씬 더 커서 대부분 사람은 덜 성가신 위치를 선호하기가 십상일 것이다. 이 난점은 플라톤이 『국가』에서 지배계급 사이의 재산 공유 체제에 대한 반대로 제시한 바 있다. 또한 모든 정상적 유인책, 정부의 책임과 노동이 없는 상태에서 적격인 사람들이 책임을 떠맡도록 유도하는 데 의지해야 하는 동기는 더 나쁜 사람들에게 통치 받을 것이라는 두려움이다. 사실 이것이 주로 의존해야 될 동기다. 관리에 가장 충분한 자격을 갖춘 사람들은 그 일이 덜 능숙한 사람들의 손에 맡겨지지 않도록 하기 위해 그 업무를 맡도록 부추겨질 것이다. 그런데 이 동기는 능숙하지 못한 관리에 의해 공동체의 업무가 엉망이 되거나 확실히 악화될 뿐이라는 생각이 들 때 아마 효과가 나타날 것이다. 그러나 크고 당장 얻을 수 있는 결실을 기대하는 어떤 장치를 시험해 보기를 간절히 바라는 발명가와 입안자의 경우가 아닌 한, 이 동기는 단지 개선을 촉진한다는 덜 절박한 유인책에 의해서는 기능하기를 기대할 수 없다. 그런데 이 부류의 사람들은 지나친 다혈질 성격과 불완전한 판단 때문에 일반적 업무 처리에 적합지 않은 경우가 아주 흔한 반면에 그 일에 적합할 때조차도 보통 사람들이 편견을 품기 쉬운 부류의 사람이기가 십상이어서, 공동체가 그들의 계획을 채택하고 그들을 관리자로 받아들이도록 설득하는 예비 단계의 어려움을 극복할 수 없는 일이 종종 벌어질 것이다. 공산주의식 관리는 이처럼, 새로운 방법으로부터 나오는 발견, 그리고 먼 미래의 불확실한 이득을 위한 지금 당장의 희생에 대해 사적 관리보다 덜 호의적인데, 이런 것들은 위험이 따르지 않는 경우가 거의 없지만, 인류의 경제 조건을 크게 향상시키는 데에, 그리고 먹여 살려야 할 사람들의 수가 끊임없이 늘어나더라도 현재의 상태를 유지하는 데에도 일반적으로 없어서는 안 된다.

우리는 이렇게 해서 협동체를 관리하는 사람들에게 작용

하는 동기만을 깊이 고찰해 보았다. 이번에는 보통 노동자들의 사정은 어떤지 살펴보자.

공산주의 체제하에서 보통 노동자들은 공공 이익 가운데 자기 몫 이외에 자기 일을 정직하고 정력적으로 하는 데에 관심이 없을 것이다. 그러나 이런 점에서 볼 때 대다수 생산계급과 관련된 현재의 상황보다 공산주의 체제하의 상황이 더 나쁘지는 않을 것이다. 이렇게 고정된 임금을 받는 상황에서는 자기 일의 효율성에 자기 몫의 어떤 권리도 없기 때문에 공산주의 조직에 있는 모든 노동자는 갖게 될 전체 이익 중의 몫조차도 갖지 못한다. 따라서 고용 노동자의 비효율성, 그 비효율성이 노동자의 실제 능력을 이끌어 낼 때의 불완전한 방법이 공통된 관심사다. 좋은 노동자가 되기 위한 품성은 가치가 없다는 것과는 전혀 무관한 것이 사실인데, 그 품성이 그에게 선호하는 일자리를 제공하는 경향이 있고 때로는 그에게 더 높은 임금을 획득해 주기 때문이다. 십장의 지위나 그 밖의 하위 관리직으로 올라갈 가능성도 있는데 이렇게 되면 보통 노동자보다 더 높은 보수를 받을 뿐 아니라 때로는 장래에 이득을 보는 길이 열리기도 한다. 그러나 다른 한편으로는 각자가 서로를 주시하고 있는 동료들로 구성된 공산주의 체제하에서 공동체의 일반 정서는, 잘하고 열심히 하는 일을 선호하고 게으르고 부주의하고 낭비하는 것을 선호하지 않을 것임이 분명하다. 현 체제에서는 현실이 이렇지 않을 뿐만 아니라 노동계급의 여론이 종종 그와 정반대로 나타난다. 즉, 어떤 동업자 집단의 규칙은 그 일에 필요한 노동자의 수를 줄이지 않기 위해서 그 구성원들이 일정한 수준의 효율성을 초과하는 것을 실제로 금한다. 또한 이와 똑같은 이유로 그들은 노동력을 최대한 잘 이용하기 위한 장치들에 종종 격렬하게 저항한다. 이러한 상황으로부터 (공산주의 하에서는 실제로 이러할 것인데) 모든 사람이 다른 모든 사람들을 가능한 한 부지런하고 솜씨가 좋으며 주의 깊게 만드는 일에 관심을 갖는 상태로 변화하는 것은 개선에 아주 도움이 되는 변화일 것이다. 그러나 노동의 효율성과 관련된 현 체제의 주요한 결함은 고쳐질 수 있고, 이 면에서 공산주의가 갖는 주요 이점은 사유재산 및 개인 간 경쟁과 양립하는 제도에 의해서도 획득될 수 있다는 것을 고려해야 한다. 성과급(piece-work) 방식의 일이 가능한 종류의 노동에서 그러한 일에 의해 상당한 개선이 이미 이루어지고 있다. 이렇게 되면 노동자 개인의 관심은 그 일의 질과 고용자의 경계에 여전히 의존해야 하는 안전보다는 행하는 일의 양과 밀접히 연관된다. 성과급 방식 역시 노동계급 여론의 지지를 받지 못하는데, (그들이 생각하기로는) 노동자 시장을 감소시키는 수단으로 오히려 노동계급 여론은 그것에 반대하는 일이 종종 있다. 그런데 만일 항간의 주장처럼 고용자들의 잦은 관행이 좋은 노동자가 할 수 있는 최대한도의 일을 확인하기 위해 성과급 일을 시켜본 뒤에 성과급 일의 값을 아주 낮게 고정해서, 노동자가 그 최대한도의 일을 하고도 고용자가 보통 일에 해당하는 일급으로 노동자에게 주게끔 되어 있는 것보다 더 많은 돈을 벌 수 없다면, 실제로 노동자들이 성과급 일을 싫어하는 이유는 아주 충분하다.

그러나 고용된 노동의 약점을 성과급 일보다 훨씬 더 완전하게 해결할 수 있는 방법이 있다. 지금은 노사 간 동업 제도(industrial partnership)라 불리는 것이 그것인데, 일정한 보수가 자본가에게 지급된 뒤 그 일에 참여하는 사람들 모두에게 그들이 받는 소득의 백분율 형태로 이익의 전체 또는 어떤 고정 비율을 분배함으로써, 노동자 집단 전체가 이익 배분에 참여할 수 있도록 하는 방법이다. 이 방안은 이 나라나 해외에서 모두 경탄할 만한 효과가 있음이 밝혀졌다. 이 방안은 회사 전체의 이익을 모두가 가장 주의 깊게 배려하는 피고용 노동자 여론의 지지를 받았다. 또한 열심히 노력하는 기풍을 진작하고 낭비를 점검함으로써 얻는 공동의 효과에 의해 이 방안을 채택한 회사에서 모든 부류 노동의 보수를 매우 실질적으로 높여 놓았다. 회사의 성공에 필요한 개인적 관심보다 못 한 것을 관리자들에게 맡기지 않는 한, 이 체계가 노동자들에게 할당되는 이익의 몫을 무한히 확장하고 무한히 증가시킬 가능성이 있는 것이 명백하다. 이러한 제도가 일반화되면 이 중 많은 회사가 그 우두머리가 사망하거나 은퇴하는 어느 시기에 제도에 의해 순수한 협동조합 상태로 될 수도 있다.

일반적 집단에서의 노력의 동기에 관한 한 공산주의는 사유재산제도 하에서 도달할 수 있는 이점을 갖고 있지 않은 반면에, 관리 책임자에 관한 문제에서는 공산주의가 상당히 불리한 위치에 놓인다. 현 체제에서는 종종 아주 나쁜 방식으로 그러나 자발적 방식으로 결정하는 문제들을 다소간 자의적 방식으로 결정해야 하는 필연성 때문에 공산주의는 체제에 내재하는 것으로 보이는 불리한 점들 또한 지니고 있다.

일에 참여하는 모든 사람에게 동등한 보수를 주어야 한다는 것은 단순한 규칙이고 어떤 면에서는 정당한 규칙이다. 그러나 그 일이 또한 동등하게 배분되지 않는다면 이것은 아주 불완전한 정의다. 지금은 모든 사회에서 필요한 다양한 종류의 일이 강도와 불쾌감 면에서 아주 불균등하다. 질을 양과 동등하게 평가하기 위해 서로 다른 일에 대해 이런 점들을 비교하는 것은 아주 어렵기 때문에 공산주의자들은 모든 사람이 모든 종류의 노동을 교대로 해야 한다고 일반적으로 주장한다. 그러나 이렇게 되면 분업의 경제적 이점, 즉 정치경제학자들에 의해 실제로 자주 과대평가되지만(더 정확히 말하자면 그 정반대의 문제가 과소평가되지만), 그럼에도 노동생산성 관점에서 볼 때는 아주 중요한 이점을 거의 완전히 희생시키게 된다. 업무 협력을 통해 노동자의 특별한 역량과 자질과 관련해서 일을 배분할 수 있을 뿐만 아니라, 모든 노동자가 한 가지 종류의 일에 자기 자신을 더 많이 제한해 놓음으로써 그 일을 하는 기량과 민첩성을 얻는다는 두 가지 이유 때문이다. 따라서 공정한 분배에 없어서는 안 되는 것처럼 여겨지는 제도는 생산의 관점에서 볼 때 아마도 아주 불리할 것이다. 그러나 더 나아가서는 모든 사람에게 똑같은 양의 일을 요구하는 것은 더더욱 정의의 기준으로서 아주 불완전한 것이다. 사람들은 정신적으로도 육체적으로도 일을 하는 데 불균등한 능력을 지니고 있어서, 어떤 사람에게는 가벼운 과제가 또 다른 사람에게는 감당할 수 없는 부담이다. 따라서 통상적 양의 일을 면제해 주고 어느 정도는 역량에 따라 과제를 할당할 수 있는 분배 권한이 있어야 한다. 일을 하기보다는 다른 사람들이 하는 일의 혜택을 받기를 더 좋아하는 게으르고 이기적인 사람들이 있는 한, 특혜를 얻어 내든 거짓 보고를 해서든 일을 면제 받으려는 시도가 자주 있을 것이고, 이러한 시도를 좌절시키는 것은 상당히 어려운 일이 될 것이고 늘 성공하지는 못할 것이다. 실험의 성공을 진심으로 바라는 선발된 사람들로 이루어진 공동체에서는 이러한 폐단이 당분간은 거의 느껴지지 않을 것이다. 그러나 사회 쇄신 방안에서는 보통 사람들을, 그리고 그들뿐만 아니라 개인적이고 사회적인 덕목 면에서 평균에 아주 못 미치는 많은 수의 망종을 고려해야 한다. 이런 사람들을 다루어야 할 때마다 일의 배분 때문에 벌어질 수밖에 없는 입씨름과 악감정은 공산주의자들이 자기 협동체 구성원들 사이에서 이루어지기를 바라는 조화와 전원 합의를 크게 저해할 것이다. 가장 다행스러운 상황에서조차 그러한 화합은 공산주의자들이 추측하는 것보다 훨씬 더 어긋나게 될 것이다. 제도에서는 물질적 이해관계에 관해 다툼이 있어서는 안 된다고 규정한다. 개인주의는 이 분야의 문제에서 전혀 용납되지 않는다. 그러나 제도가 개인주의를 배척할 수 없는 다른 분야들이 있다. 즉 평판과 개인 권력을 얻기 위한 경쟁이 여전히 있을 것이다. 대부분 사람이 부와 금전적 이익의 야심 같은 이기적 야심을 주로 발휘하는 분야에서 그것을 전혀 허용치 않으면, 그 야심은 더욱 큰 강도를 지닌 채 여전히 그것을 허용하는 영역으로 갈 것이고, 정상적 경로에서 이탈한 개인의 열정이 다른 방향에서 주로 만족감을 찾을 수밖에 없게 되면, 관리에서 탁월성을 뽐내고 영향력을 행사하기 위한 투쟁이 아주 지독해질 것을 예상할 수 있다. 이러한 여러 가지 이유 때문에 공산주의 협동체는 우리가 공산주의자들로부터 기대해 보라는 말을 종종 듣는 서로 간의 사랑, 의지와 감정의 통일이라는 매력적인 모습을 보여 주지 못하는 일이 많고, 알력에 의해 분열되는 일이 잦고 그 때문에 해체되는 일이 적잖이 일어날 법하다.

다른 수많은 불화의 근원이 모든 사람에게 가장 중요한 문제들을 보편적 목소리에 의해 결정하는 공산주의 원칙의 필요성에 내재한다. 그런데 현 체제에서는 이것이 개인이 그 자신의 경우에 맞게 결정하도록 맡겨질 수 있고 맡겨지기도 한다. 교육 문제를 예로 들어보자. 보편적으로 적용되는 이유 때문만이 아니라 시민 개인의 지성과 도덕성에 관한 요구가 다른 어떤 체제의 요구보다도 훨씬 더 커서 다른 어떤 사회보다도 훨씬 더 교육제도의 탁월함에 의해 그 성패가 갈리기 때문에, 모든 사회주의자들은 젊은이들에게 주어지는 훈련의 긴요함을 강하게 통감한다. 그런데 공산주의하에서는 이런 제도가 집단 전체에 의해 모든 시민을 위해 만들어져야 할 것인데, 개별 부모들이 그 제도가 자기 아이들을 교육하는 데 자기 생각과 다른 어떠한 방식을 선호할 것이라 생각하더라도, 자기 교육에 드는 비용을 사적으로 지불할 재력이 없을 것이고 스스로 아이를 가르치고 영향을 미칠 수 있는 것만을 할 수 있을 것이기 때문이다. 그러나 집단의 모든 성인 구성원은 모든 사람의 이익을 위해 고안하는 집단 체세를 결정하는 네 동등한 목소리를 갖게 될 것이다. 그런데 바로 여기에 모든 집단에서 불화가 일어날 만한 아주 좋은 원천이 있다. 자기 아이들에게 해 주기 바라는 교육에 관해 어떤 견해나 선호하는 것이 있는 사람은 누구나 그 교육을 획득할 수 있는 기회를 위해서 공동체의 공동 결정에서 자신이 행사할 수 있는 영향력에 의존해야 할 것이다.

그 협동체의 생산 자원을 사용하는 방식, 사회생활의 조건, 그 집단과 다른 협동체의 관계 등등에 영향을 미치는 다른 중요 문제들의 수를 명시할 필요는 없을 터인데, 이 문제들에 관해서는 종종 화해할 수 없는 견해 차이가 일어날 가능성이 있을 것이다. 그러나 예상할 수 있는 이 불화조차도, 대다수의 신조 앞에서 개인의 모든 의견과 바람이 굴복함으로써 만들어지는 기만적 만장일치보다는 인간성의 전망에 훨씬 덜 사악한 것이 될 것이다. 인간의 진보를 가로막는 것은 언제나 아주 크기 때문에, 그것을 극복하는 데 알맞은 상황이 동시에 만들어져야 한다. 그러나 그 장애를 극복하는 데 없어서는 안 될 조건은, 인간 본성이 사고와 실천 두 가지 면 모두를 스스로 다양한 방향으로 확장할 수 있는 자유를 갖고 사람들이 자기 자신을 위해 생각할 뿐만 아니라 자기 자신을 위해 실험을 해 보고, 소수의 이름으로 움직이는 것이건 다수의 이름으로 움직이는 것이건 간에 통치자들의 손아귀에, 통치자들을 위해 생각하는 일에, 그리고 자신들이 어떻게 행동할지를 지시하는 일에 굴복하지 말아야 한다는 것이다. 그러나 공산주의 협동체에서는 개인의 삶이 공적 권위의 지배에 아주 유례없을 정도로 속박될 것이고, 인류 가운데 진보적 분파에 속하는 모든 나라의 온 시민들이 향유해 온 것보다도, 개인의 성격과 개인이 애호하는 것이 발전할 여지가 더 적을 것이다. 이미 모든 사회에서 다수에 의한 개성의 억압은 아주 크고 점증하는 해악이다. 개인이 자기와 비슷한 생각을 가진 사람들의 공동체에 속하기로

함으로써 이 해악을 제한할 수 있는 힘이 개인에게 주어지지 않는 한, 이 해악은 공산주의하에서 아마도 훨씬 더 커질 것이다.

이러한 여러 가지 문제들로부터 내가 공산주의의 생산이 어느 미래 시점에 인간의 필요와 상황에 가장 적합한 사회 형태가 될 가능성에 반하는 결론을 이끌어 내려는 것은 아니다. 나는 이것이 좋은 상황에서 공산주의 원칙을 시험해 볼 뿐만 아니라 현존하는 체제의 노동, 즉 사적 소유의 노동에 점차 효과가 나타나도록 개선함으로써 신선한 관점을 계속해서 획득할 수 있는 연구 문제이고 앞으로도 오랫동안 연구해야 할 문제일 것이라고 생각한다. 한 가지 확실한 것은 공산주의가 성공하기 위해서는 공동체 구성원 모두에게 높은 수준의 도덕 교육과 지성 교육 두 가지가 모두 요구된다는 점이다. 즉, 유인책을 통해서가 아니라 자기 협동체의 전체 이익에 참여하고 그 협동체에 대한 의무감과 공감으로써 삶의 노동에서 정직하고 정력적으로 자기 몫을 하기 위한 자격을 스스로 갖추는 도덕성, 그리고 먼 미래의 이익을 가늠하고 복잡한 문제들을 다룰 수 있는 능력을 스스로 갖추고 이 문제들에 관해 좋은 조언과 나쁜 조언을 적어도 충분히 분간할 수 있는 지성을 말한다. 나는 이런 일들에서

암시되고 있는 것과 같은 교육과 교양을 국가의 모든 개인
이 유산으로 받는 것이 불가능하다는 생각을 완전히 거부
한다. 그러나 나는 그것이 어려운 일이고 우리의 현재 조건
에서 그 목표로 가는 과정은 느리게 이루어질 수밖에 없다
고 확신한다. 공산주의의 성공에 관건이 되는 도덕 교육 면
에서 현재의 사회 상태는 타락하고 있고, 공산주의 협동체
만이 인간을 공산주의에 적합하게 효과적으로 훈련시킬 수
있다는 항변을 받아들인다. 그렇다면 공산주의는 실제 실험
을 통해 이러한 훈련을 시킬 수 있는 능력을 증명해야 한다.
실험만이, 공산주의를 성공하게 만들고, 그들의 다음 세대
에게 그 높은 수준을 영구히 유지하는 데 필요한 교육을 할
만큼 충분히 높은 수준의 도덕 교양을 아직까지 일부분 사
람들이라도 지니고 있는지를 보여 줄 수 있다. 만일 공산주
의 협동체가 지속하고 번창할 수 있다는 것을 보여 준다면
그것은 크게 증가할 것이고, 더 발전한 나라들에서 그 뒤를
잇는 일부 사람들이 그 생활방식에 도덕적으로 어울리게 됨
에 따라 아마도 그것을 채택할 것이다. 그러나 준비되지 않
은 사람들을 공산주의 사회 속으로 억지로 들어가게 하는
것은, 정치혁명이 그러한 시도를 할 수 있는 권력을 준다 할
지라도 실망스럽게 귀결될 것이다.

4부

만일 공산주의의 역량을 실험하기 위해 실제 실험이 필요하다면, 공산주의의 난점을 인식하고 그것을 극복하기 위한 방법을 고안하는, 공산주의와는 다른 형태의 사회주의에도 그러한 실험이 마찬가지로 필요하다. 이러한 형태 중 주요한 것이 푸리에주의인데, 이것은 지적 독창성의 표본으로만 본다면 사회에 관해서 또는 인간의 마음에 관해서 공부하는 사람은 누구나 아주 관심을 가질 만한 체계다. 푸리에가 예견하지 못하고 사전에 그 대비책을 마련하지 않은 반대나 난점은 거의 없었다. 그러나 그것은 공산주의 원칙보다는 덜 엄격한 분배 정의 원칙에 기초한 자동식 고안물에 의한 섯이었는데, 왜냐하면 그는 자본의 자의적 처분이 아닌 자본 분배와 개인 소유라는 불평등은 인정하기 때문이다. 그가 해결하려고 노력하는 아주 큰 문제는 노동을 매력 있게 만드는 방법 문제인데, 만일 이것이 가능하다면 사회주의의 주요 난점이 극복될 것이기 때문이다. 양이 너무 많거나 동료애와 경쟁심의 자극이 없거나 사람들에게 멸시당하지 않는다면, 어떤 종류의 쓸모 있는 노동도 반드시 또는 보편적으로 지겹지는 않다고 푸리에는 주장한다. 푸리에주의 마을의 노동자들은 자발적으로 자신들을 무리 짓고, 각각의 집단은 서로 다른 종류의 일을 맡되 한 사람이 한 집단에만 속할 수도 있고 여러 집단에 속할 수도 있다. 노동을 할 수 있는 사람이건 없는 사람이건 공동체의 모든 구성원을 부양하기 위해 최소한의 일정량을 먼저 떼어 놓은 다음에, 사회는 각 집단이 필요한 양의 노동을 하도록 유도하는 주식 배당 형식으로 여러 집단에 나머지 생산물을 분배할 뿐이다. 만일 특정 집단에 너무 많은 작업이 할당된다면 그 것은 그 집단이 다른 집단에 비해 지나치게 많은 보수를 받고 있다는 표시이고, 만일 어떤 집단이든 도외시되고 있다면 그들의 보수는 더 높아져야 한다. 각 집단에 할당되는 생산물 몫은 세 가지 요소, 즉 노동과 자본과 재능에 따라 고정된 비율로 분배된다. 재능에 해당되는 부분은 그 집단 자체의 참정권으로 보상받는데, 다양한 인간 능력을 지닌 모든 사람 또는 거의 모든 사람이, 어떤 집단 또는 다른 집단에서 탁월한 자격을 갖추는 구성원이 될 것을 사람들은 희망한다. 자본에 대한 보상은 바람직하다고 생각되는 지점까지 보통주를 증가시키기 위해 개인을 소비로부터 저축으로 유도하기에 충분하다고 생각되는 방법으로 이루어진다. 부차적 난점을 처리하고 부차적 불편 사항을 없애기 위한 장치의 수와 창의성은 아주 주목할 만하다. 이러한 다양한 대비책에 의해 공익이 제거되는 것이 아니라 개인이 공익에 진력하도록 유도함으로써 지금보다는 훨씬 더 훌륭해질 것이라고 푸리에주의자들은 기대하는데, 개인 지위의 우연적 성격이 아주 많은 영향력을 갖게 되면 기여하는 바가 증가할 때마다 보수가 증가하는 것이 지금보다 훨씬 더 확실해질 것이기 때문이다. 따라서 노동의 효율성이 유례없이 높아질 것인 반면에, 지금은 쓸모없거나 해로운 것에 낭비되고 있는 것들을 쓸모 있는 일로 전환함으로써, 그리고 막대한 수의 불필요한 유통업자들을 없애고 공동체 전체에 필요한 구매와 판매를 단일 기관이 관리하도록 함으로써, 그들은 노동이 엄청나게 절감될 것이라고 기대한다. 개인이 자기 삶의 방식을 자유롭게 선택하는 것은 산업 활동에서 협력의 이점을 충분히 얻기 위해 필요하게 되는 것 이상으로 간섭받지는 않게 될 것이다. 대체로 보아 푸리에주의 공동체의 모습은 그 자체로 매력이 있을 뿐만 아니라 알려진 다른 어떤 사회주의 체제보다도 공통된 인간성으로부터 요구하는 것이 적다. 따라서 이 제도는 사회생활의 모든 새로운 계획의 운용 가능성을 유일하게 시험할 수 있는 공정한 실험을 거쳐야 한다.

사회주의의 여러 가지 난점에 관해 검토해 본 결과 우리는, 사적 기관이 아니라 공공 기관에 의해 나라의 생산 자원을 관리하는 다양한 제도는 실험이 필요한 문제이고, 그 중 일부는 현존하는 질서보다 더 낫다는 주장을 결국 제기할 수도 있지만, 그 제도들은 현재로서는 인간 중에서도 엘리트에 의해서만 운용할 수 있고 그 제도가 예상하는 개선 상태로 대부분 인간을 훈련시킬 수 있는 능력을 아직 증명하지 못했다는 결론에 이르렀다. 나라의 토지와 자본 전체를 소유하고 공적 동기에 입각하여 지금 당장 나라 전체를 다스리기 시작하는 데 목표를 두는 더 야심 찬 계획에 관해 물론 훨씬 더 깊이 논의할 수도 있다. 현재 소유자들의 불법 행위를 고려하는 문제는 차치하고라도, 단일한 중앙 기관의 감독에 의해 나라의 산업 전체를 운영한다는 생각 자체가, 아무도 그것이 이루어져야 할 어떤 방식도 감히 제안하지 않는 아주 명백히 터무니없는 것이다. 또한 만일 혁명적 사회주의자들이 자신들의 즉각적 목적을 달성하여 나라 재산 전체를 실제로 자기 마음대로 사용하게 된다 하더라도, 그것을 여러 부분으로 나누어 그 각각을 작은 사회주의 공동체의 관리에 맡기는 방식 말고는 그것에 권력을 행사하는 실행 가능한 방식을 찾을 수 없을 것이다. 우리가 미리 잘 준비된 채 선발된 사람들에게조차 아주 어렵다는 것을 확인한 관리 문제는 해당 현장에 의해서만 결합되는 집단에 의해 가장 잘 해결될 수 있는 것으로, 또는 모든 악인들, 모든 가장 게으르고 가장 사악한 인간들, 꾸준한 부지런함, 사전 숙고, 자제를 가장 갖추지 못한 인간들, 그리고 비록 이들과 똑같은 저질은 아니지만 사회주의의 성공을 위해 필수인 자질과 관련된 한에서 사회주의자들 자신의 의견으로는 현존하는 사회 상태에 의해서 아직도 심각하게 도덕성을 상실한 대다수 사람들을 포함하는 공동체 주민들에 의해 마구잡이로 처리되도록 방치될 것이다. 그러한 조건 하에서 사회주의를 도입하는 것은 재난에 가까운 실패의 결과만을 낳을 뿐이고, 그 주창자들이 현존하는 사회질서는 사멸할 것이며 그 질서에 의해 이득을 얻는 사람들은 공동의 파멸에 참여한다는 위안만을 얻을 수 있다고 말하는 것은 거의 의미 없는 말이다. 그들 중 일부에게는 실제로 이것이 위안이 될 만한데, 만일 겉으로 볼 때 신뢰할 수 있다면 혁명적 사회주의자들 중 너무도 많은 이들을 고무하는 원칙은 바로 증오, 즉 혼돈으로부터 더 나은 조화의 세계가 나타날 것이라는 희망, 어떤 점진적 개선에 관한 절망도 참을 수 없어서 심지어 현 체제 때문에 고통 받는 사람들에 대해서조차 무슨 대가를 치르더라도 현 체제를 끝장냄으로써 분출하려고 하는 현존하는 해악에 대한 아주 이유 있는 증오이기 때문이다. 그들은 혼돈이 조화의 건설 작업을 시작하는 데 가장 불리한 상태이고, 수백 년 동안 갈등과 폭력과 강자에 의한 약자의 폭압을 틀림없이 거쳐야 한다는 것을 깨닫지 못한다. 그들은 홉스가 묘사하는바(『리바이어던』1부 13장) 만인이 만인의 적인 원시 상태로 인간을 아주 강제로 몰아넣으려 한다는 것을 알지 못한다.

"그러한 상태에서는 산업이 들어설 만한 장소가 없는데, 그것으로부터 나오는 결실이 불확실하고 그 결과 지상에 아무 문명도, 항해도, 바다로 수입될 수 있는 상품의 사용도, 널찍한 건물도, 많은 힘이 필요한 물건을 움직이거나 제거하는 도구도, 지표면에 관한 지식도, 시간 계산도, 예술도, 문자도, 사회도 없기 때문이다. 또한 무엇보다도 가장 나쁜 것은 비명횡사에 대한 계속되는 두려움과 위험, 그리고 고독하고, 빈곤하고, 끔찍하고, 야만스럽고, 짧은 인생이다."

만일 이른바 문명사회에서 가장 빈곤하고 가장 비참한 생활을 하는 구성원들이 모든 사람에게 문명 생활의 해체가 만들어 내는 최악의 야만 상태일 만한 아주 나쁜 상태에 놓여 있다고 해서, 그들의 생활을 향상하는 방법이 다른 사람들을 그와 똑같이 비참한 상태로 만드는 것은 아닐 터이다. 그와는 반대로, 아주 많은 다른 사람들이 일반적 운명에서 탈출한 것은 먼저 출세한 사람들이 그들을 도와준 덕분이었고, 나머지 사람들의 삶을 향상하는 것이 적절한 때에 성공하려면 이 과정을 더 잘 조직하는 방법밖에 다른 도리가 없다.

고정되지 않은 가변적 사유재산 개념

이제까지 살펴본 문제들은, 사유재산과 경쟁이라는 기초가 아니라 완전히 새로운 기초에 입각한 사회의 경제제도를 세우고자 사회주의가 계획하는 사회구조의 완전한 혁신이 이상으로서, 그리고 심지어는 궁극적으로 가능한 일의 예언으로서 가치가 있다 할지라도, 현재의 방책으로서는 유효하지 않다는 것을 보여 주기에 충분해 보인다. 그것은 새로운 제도를 실행해야 할 사람들에게 모든 것에서 시험되어야 하고 대부분 것에서 만들어져야 할 도덕적이고도 지적인 자질을 요구하기 때문이다. 그런데 이것은 의회제정법에 의해 이루어질 수 있는 일이 아니라 가장 호의적인 가설에 입각한다 하더라도 상당한 시간을 요하는 작업이다. 앞으로 오랫동안 사유재산의 문제는 현장의 문제가 될 것이다. 또한 어떤 나라에서건 대중운동이 사회주의자들을 혁명정부의 우두머리에 올려놓는다 할지라도, 아무리 많은 방법으로 그들이 사유재산을 침해한다 하더라도, 그 제도 자체는 살아남을 것이고 그들에 의해 인정되거나 그들의 축출에 의해 재도입될 텐데, 왜냐하면 사람들이 생존과 안전을 위해 현재로서는 유일하게 의존하는 것을 그 대안이 정상으로 작동할 때까지는 놓치려 하지 않을 것이기 때문이다. 다른 사람들의 재산이었던 것을 공유하게 된 사람들조차, 만일 이런 사람들이 있다면, 그들이 획득한 것을 지키고 새로운 사람들의 소유가 된 재산에 그들이 과거에는 인정하지 않았던 신성함을 되돌려주고 싶어 할 것이다.

그러나 이런 이유들 때문에 사유재산이 단지 임시의 존재일지언정 아마도 오랜 기간 존속할 것이라 할지라도, 그에 따라 우리가 사유재산이 그 온 기간 동안 변화되지 않은 채 존재해야 한다거나, 재산에 속하는 것으로 현재 간주되는 모든 권리가 본래 그것의 속성이므로 그것이 지속되는 한 그래도 지속되어야 한다고 결론지어서는 안 될 것이다. 그와는 반대로, 재산에 관한 법률로부터 가장 직접적인 혜택을 얻는 사람들의 의무이자 이익은 바로 그 법률들이 대다수 사람들에게 어쨌든 덜 부담이 되도록 만들기 위한 모든 제안을 공정하게 고려하는 것이다. 어쨌든 정의의 의무가 되어야 할 이 점은 사회주의의 사회 형태를 너무 조급하게 운용하고자 하는 시도가 분명히 자주 있을 것에 대비해서 스스로 올바른 위치에 있기 위한 사리 분별의 명령이기도 하다.

자주 흔하게 저지르는 잘못 중 하나이자 인간사에서 가장 큰 실질적 실수의 원천인 잘못은, 같은 이름이 언제나 같은 개념의 집합체를 나타낸다고 생각하는 잘못이다. 재산이라는 말보다 더 이런 식의 오해의 대상이 된 말은 없었다. 이 말은, 어떤 사정을 지닌 사회에서든, 법이 부여하는바 또는 특유의 사정을 지닌 사회의 관습이 인정하는바 사물에 대한 (그리고 때로는 불행하게도 사람들에 대한) 가장 큰 배타적 사용권 또는 배타적 통제권을 뜻한다. 그러나 이러한 배타적 사용과 통제의 권한은 서로 다른 나라와 서로 다른 사정을 지닌 사회에서 아주 다양하고 크게 다르다.

예컨대 초기 상태의 사회에서는 재산권에 유산에 관한 권리가 포함되어 있지 않았다. 유언에 따라 재산을 처리하는 권한은 유럽 대부분 나라에서 아주 최근의 제도다. 또한 이런 제도가 도입되고도 오랫동안 그것은 혈족상속인이라고 불리는 자에게 유리하도록 계속 제한되었다. 유산이 허용되지 않는 곳에서는 사유재산은 종신 재산 소유권일 뿐이다. 또한 사실, 헨리 메인 경이 고대법에 관한 그의 아주 유익한 저서에서 아주 잘, 그리고 충분히 제시한 바와 같이 재산에 관한 원시인들의 생각은 그것이 개인이 아니라 가족 소유라는 것이었다. 가족의 우두머리가 그 관리권을 가지고 재산권을 실제로 행사하는 사람이었다. 다른 면에서와 마찬가지로, 이 점에서도 그는 거의 독재 권력을 가지고 가족을 지배했다. 그러나 우두머리는 다른 몫을 지닌 공동 소유주들을 물리칠 수 있을 만큼 자기 권한을 마음대로 행사할 수는 없었고, 가족과 함께 누리는 것이나 상속권을 그들에게서 빼앗을 수 있을 정도로 재산을 마음대로 처분할 수는 없었다. 어떤 나라의 법률이나 관습에서는 남자아이들의 동의 없이는 재산이 양도될 수 없었다. 다른 경우들을 보면, 돌아온 탕자 이야기에서처럼 아이가 법률에 의해 자기 몫의 재산 배분과 양도를 요구할 수 있었다. 만일 그 우두머리가 죽은 뒤에도 그 공동체가 해체되지 않고 존속하면, 꼭 그의 아들이 아니더라도, 가족 중 가장 나이가 많거나, 가장 힘이 세거나, 나머지 가족 구성원으로부터 선택된 다른 어떤 구성원이 관리권을 계승하여 관리를 이어 갔고, 다른 모든 구성원들은 이전과 마찬가지로 자신의 권리를 유지했다. 반면에, 만일 그 집단이 여러 가족으로 해체되면 각각의 가족이 (유산이 아닌) 재산의 일부를 가지고 가 버렸는데, 이 과정은 이미 존재하는 권리가 계속되는 것일 뿐이지 새로운 권리가 만들어지는 것은 아니기 때문이었다. 관리자의 몫만이 공동체로 넘어갔다.

그런데 또 한편으로는, (미개한 시대에 주요한 재산이었던) 부동산에 대한 재산권을 보자면, 이 권한은 규모와 지속 기간에 변화가 아주 심했다. 유대교 율법에 의하면 부동산 소유권은 한시적 권리일 뿐이었다. 역사상 유대 국가 시대에 이 규식을 용게 피했을 것이라고 우리는 추측할 수 있지만, 안식년이 되면 부동산 소유권은 공동 자산(common stock)으로 되돌려져서 재분배되었다. 많은 아시아 나라에는 유럽식 개념이 나타나기 전까지는 우리가 그 말을 이해하는바 토지 재산이라는 표현에 정확하게 해당하는 말이 없었다. 그 소유권은 몇 개의 서로 구별되는 집단이 쪼개어 가졌는데, 그 권리는 법률보다는 관습에 의해 결정되었다. 정부가 그 일부를 소유하면서 많은 지대를 받았다. 고대 사상, 그리고 심지어 고대 법률조차도 정부의 몫을 전체 생산의 특정 일부로 제한했지만, 실제로는 고정된 한계가 없었다. 정부는 자기 몫을 어떤 개인에게 넘길 수도 있었고, 그렇게 되면 그 개인이 징세권과 국가의 다른 모든 권리들을 소유하게 되었지만, 토지와 관련된 다른 어떤 사적 개인의 권리는 소유할 수 없었다. 이러한 사적 권리는 여러 가지 종류가 있었다. 실제 경작자 또는 그들 중 그 땅에서 오랫동안 정주한 경작자는 소유권을 유지했다. 그들이 지대를 내는 동안 그들을 쫓아내는 것은 불법으로 간주되었다. 이 지대는 계약에 의해 고정되어 있는 일반적 지대가 아니라 그 지역의 관습에 의한 지대였다. 실제 경작자와 국가 또는 국가가 자기 권리를 양도한 대리자 사이에는 다양한 규모의 권리를 지닌 중개자들이 있었다. 때로는 넓은 지역을 맡아 국가 몫의 생산물을 징세하는데 징세한 것 중 일정 비율을 빼고 나서 모두 정부에 바쳐야 했지만 종종 세습 지위를 가졌던 정부 관리들이 있었다. 관습에 의해 만들어진 규칙에 따라 토지나 생산물을 공유하고, 그 토지를 직접 경작하거나 자기 대신 경작할 다른 사람들을 고용하면서, 영국 사람들이 이해하는 바와 마찬가지의 지주의 권리에 더 가까운 토지 소유권을 관련된 다른 어떤 집단의 사람들보다도 더 가졌던, 한 마을의 최초 정착민의 평판 좋은 후손들로 이루어진 마을 공동체의 경우도 많이 있었다. 그러나 마을의 소유권은 개인이 아닌 집단에 있었고, 양도할 수도 없었으며(개인 몫의 권리만이 공동체의 동의를 얻어 팔리거나 저당 잡힐 수 있었다), 고정된 규칙에 지배되었다. 중세 유럽에서는 군사용이나 농사용의 거의 모든 토지를 군주가 재임 기간 동안 보유했다. 영국에서는 군주의 모든 유보된 권리뿐만 아니라 그에 대한 섬김 자체가 오래전에 폐지되거나 납세로 대체된 현재조차, 법 이론에서는 모든 개인의 절대적 토지 소유권을 인정하지 않는다. 법률에 명시된 가장 완전한 지주인 자유 토지 보유자(freeholder)는 국왕의 임차인일 뿐이다. 러시아에서는 군주의 토지 소유권이 토지 경작자가 지주의 농노였을 때조차 노 자제의 일을 꾸려 나가는 공동 집단으로서 토지 경작자들에게 속하는 그들의 권리이자 국왕이 간섭할 수 없는 권리에 의해 제한되었다. 또한 농노제도가 폐지되거나 유명무실해졌을 때 유럽 대륙의 대부분 국가에서는 농노로서 토지를 경작해 온 사람들이 토지에 대한 의무뿐만 아니라 권리를 계속해서 소유했다. 프러시아의 로렌츠 폰 슈타인과 그의 계승자들의 위대한 토지개혁은, 그 권리와 의무를 모두 폐지하고 소유주와 농민 각자에게 토지 전체에 대한 제한된 권리를 부여하는 것이 아니라 양자에게 토지 전체를 분배하는 것이었다. 이와 다른 경우에는, 이탈리아의 토스카

나에서처럼 반타작 농민이 지주와 실제로는 공동 소유주인데, 반타작 농민이 관습의 임차 조건을 이행하는 한 법률이 아닌 관습에 의해 그가 영구 소유권과 총생산량의 절반을 갖는 것이 보장되기 때문이다. 게다가 같은 사물에 대한 재산권이 여러 다른 나라에서 서로 한도에 미치는 것과 마찬가지로 그 권리가 서로 다른 사물에 행사되기도 한다. 이전 시대에는 모든 나라에서, 그리고 여전히 일부 나라에서는, 재산권이 인간에 대한 소유권으로까지 미쳤거나 지금도 미치고 있다. 재판 업무와 혁명 전 프랑스의 엄청나게 많은 업무에서처럼 공공 기관에 신탁되는 재산도 종종 있었다. 현재의 보유자가 죽으면 법률에 의해 없어질 것이라고 나는 생각하지만, 영국에는 여전히 특허국이 조금 남아 있다. 또한 우리는 군대 구성원들이 소유한 재산을 이제야 폐지하고 있다. 공적 목적을 위해 설립되고 공적 목적을 부여 받은 공공단체는 개인이 자기 부동산에 대해 가지고 있는 것과 똑같은, 자기 부동산에 대한 불가침의 재산권을 여전히 주장한다. 이처럼 재산권은 다양하게 해석되고 서로 다른 시대와 장소에서 다양한 정도로 보유된다는 사실, 그리고 재산권이 내포된 개념은 변화하는 개념이고 자주 변화되어 왔으며 훨씬 더 많은 변화의 여지가 있다는 사실을 알 수 있다. 사회의 진보 과정에서 이제까지 재산권 개념이 치른 변화는 대개 개선이었다. 그러므로 올바르게건 그르게건, 법적으로 소유주로 인정되는 사람들에 의해 사물에 행사되는 권한을 일정하게 변화시키거나 수정하는 것은 대중에게 이익이 되고 보편적 개선으로 이끄는 것이라는 주장에 대해, 그 변화라고 생각하는 것이 재산 개념과 모순된다고만 말하는 것은 좋은 응답이 아니다. 재산 개념은 역사를 통틀어 동일하거나 변경할 수 없는 어떤 한 가지 실체가 아니라, 인간의 마음이 만들어 내는 다른 모든 것과 마찬가지로 가변적인 것이다. 어떤 주어진 시대에 그것은 그 당시에 어떤 주어진 사회의 법률이나 관습이 부여하는 사물에 대한 권리를 나타내는 간략한 표현이다. 그러나 이 점 또는 다른 어떤 점에 관해 주어진 시대와 장소의 법률과 관습이 판에 박은 주장을 영원히 하지는 않는다. 법률이나 관습으로 제안된 개혁이 모든 인간사를 현존하는 재산 개념에 맞추는 것이 아니라, 현존하는 재산권 개념을 인간사의 성장과 개선에 맞춘다고 해서 반드시 반대할 만한 것은 아니다. 공익을 위해 잃어버릴 수도 있는 소유권 본질의 합법적 권리를 국가가 보상해야 한다는 소유주의 정당한 요구에 대해, 이것은 편견 없이 할 수 있는 말이다. 소유권의 근거이기도 하고 공정한 한계이기도 한 이 정당한 주장은 독립된 주제이기도 하기 때문에 그 자체를 놓고 향후에 논의할 것이다. 그러나 이런 조건 하에서라면, 어떤 사회가 충분히 고려할 때 공익에 반한다고 판단하는 어떤 특정 재산권도 그 사회는 폐지하거나 변경할 권리가 충분히 있다. 또한 분명히 말해 둘 것은, 앞 장에서 본 바와 같이 사회주의자들이 현재의 사회경제 질서에 대한 반대론을 펼치는 끔찍한 경우, 현재는 직접적 이익의 최소한의 몫만을 향유하고 있는 사회의 대다수 구성원에게 제도가 더 많은 이익을 가져다주도록 하는 모든 방법을 충분히 고려해야 한다는 점이다.

사회주의라는 거울에 비친
J. S. 밀의 사회개혁론과 인간학

1. 사회주의의 도전에 대한 응전을 통해 보는 밀 사상의 핵심

『사회주의론』(1879)은 존 스튜어트 밀의 많은 저작 가운데 『종교에 관한 세 편의 에세이Three Essays on Religion: Nature, the Utility of Religion, and Theism』(1874)와 더불어 그의 사후에 발표된 두 저작 중 하나다(그의 부인 해리엇 테일러와 그녀의 전 남편 사이의 소생인 의붓딸 헬렌 테일러의 손으로 발표되었다). 독자는 밀의 저서 가운데 이런 책도 있었나 하고 신기해할지도 모르겠는데, 그래서 이렇게 최초의 한글 번역으로 이 책을 소개하게 된 것이 우선 기쁜 일이다. 밀은 자서전의 마지막 대목에서 말하기를, 의원 활동을 마치고 야인으로 돌아간 1869년에서 1870년 사이에 (자서전은 1870년 무렵까지의 서술로 마무리되고 있으며, 그가 유고로 남겨 주었던 것을 역시 헬렌 테일러가 1873년에

135

출간했다) 자신의 친구인 몰리(Morley) 씨가 내는 「격주 평론 (Fortnightly Review)」을 비롯한 여러 신문과 잡지에 다방면의 논문을 썼다고 했는데,[1] 이 책도 처음에는 바로 이 「격주 평론」에 유고로 발표되었다. 그 전달자도 물론 헬렌 테일러였는데, 헬렌은 그 발표 지면에 이 유고에 관한 짧지만 매우 중요한 설명을 덧붙이고 있다. 아래 글이 그 전문이다.

세계가 온통 다른 문제들에 몰두하고 있었던 그 이전 20년 동안조차 사변적(speculative)[2] 사상가들의 사회주의 개념들이 모든 문명국가 노동자들 사이에 전파되었던 기세에 감명을 받아 밀 씨가 사회수의에 관한 책을 쓸 구상을 한 것이 1869년이었다. 현대사회는 자기 안의 문제들을 언제나 점점 더 밖으로 내보일 수밖에 없는 경향을 지니고 있다는 것을 확신한 그는 그 문제들을 철저하고 공정하게 고찰하고, 고통을 연장하거나 쓸데없는 혼란을

---

1 이 진술과 아래의 헬렌 테일러의 말을 보면 『사회주의론』은 1869년에서 (그가 별세한) 1873년 사이에 쓰였음을 알 수 있다.

2 사변적(speculative): 당대 사회주의 사상이 경험 또는 실험에 의한 검증을 거치지 않은 것이라는 점을 지적한 말이다. 『사회주의론』에서 밀은 소규모 집단의 실험을 통한 현실화 가능성 검증을 사회주의의 핵심 선결 과제로 지적한다.

일으키지 않으면서, 최선의 추론을 통해 검증된 이론을
현존 질서에 적용하는 방법을 제시하는 것이 중요한 현
실적 결과를 낳을 것이라고 생각했다. 그래서 그는 이 주
제 전체의 논점 하나하나를 철저히 검토하는 저작을 계
획했다. 여기 발표되는 이 네 장(chapter)의 글은 그 저작
을 위한 초고다. 이 네 장은 저자의 글쓰기 습관에 따라
완성되고 퇴고되었다면, 지금 이 순서대로 되지 않았을
지도 모르고, 완성된 저작의 다른 부분과 합쳐졌을지도
모른다. 이 글을 세상에 내놓아야 한다는 「격주 평론」 편
집자의 끈질긴 바람을 따르는 데에는 망설임이 없지 않
았다. 그러나 나는 그의 청에 응했다. 이 글들이 현재 세
인들이 관심을 갖지 않으면 안 되는 문제들에 대한 특별
한 적용 가능성뿐만 아니라 위대한 내적 가치 또한 지니
고 있는 것으로 보이는 동시에, 저자의 문명(文名)을 손상
하기는커녕 좋은 글을 이루어 내는 끈기 있는 노력의 본
보기를 보여 줄 것이라고 나는 믿기 때문이다.

                        1879년 1월 헬렌 테일러

저자의 퇴고를 거치지 않은 글이라는 말이 우선 눈에 들

어온다. 그러나 헬렌 역시 (의붓)아버지의 이 '초고'에 전혀 손을 대지 않았다. 이 책이 발표되기 꼭 20년 전에 밀이 자신의 대표 저작이자 아내 해리엇 테일러와의 '합작'인『자유론』(1859)을 아내가 여행 중 급사하기 전까지 아내와 작업했던 상태 그대로 전혀 퇴고 없이 출간했던 일을 연상케 하는 장면이다(밀이『자유론』을 해리엇 테일러가 세상을 뜬 직후에 출간한 것과는 달리, 헬렌 테일러는『사회주의론』유고를 밀이 별세한 지 6년이 지난 시점에 출판사에 넘긴 것에 차이가 있기는 하다). 오직 (공동) 저자만이 원고에 손을 댈 수 있다고 생각하는 데에서 이 세 사람 사이의 깊고 확고한 신뢰와 존경을 확실히 볼 수 있다. 그렇다고 해서,『자유론』의 경우와 마찬가지로『사회주의론』이 하자가 있음에도 어쩔 수 없이 낸 책이 결코 아니라는 점 또한 헬렌 테일러의 설명을 통해 분명히 알 수 있다. 게다가 오히려 초고 상태의 글이기 때문에『사회주의론』이 사회주의 문제에 관해 "보다 솔직한 밀의 생각을 보여 준다"[3]는 평가 또한 참고해 둘 만하다.

'사회주의론(Chapters on Socialism)'이라는 표제가 말해 주

---

3 이근식,『존 스튜어트 밀의 진보적 자유주의』, 도서출판 기파랑, 2006, 188쪽.

듯이 이 책은 당대 사회주의 운동과 사회주의 사상가들에 관한 비평이다. 그런데 중요한 것은 위의 헬렌 테일러의 말에서 잘 알 수 있는 바와 같이, 노동자들이 이 사회주의 운동과 사상에 강한 영향을 받는 이유가 무엇인지를 밝히고, 나아가 그 주장의 현실 적용 가능성을 정확하게 짚어 보는 것이 밀이 이 글을 쓴 목적이라는 점이다. 이렇게 현대 세계의 실상을 직시하면서 그 모순에 적극적으로 대응하는 존 스튜어트 밀의 살아 있는 논리를 통해 사회 개혁 사상가로서의 그의 다양한 진면목을 압축해서 볼 수 있다는 데에 이 책의 특별한 의미가 있다. 나아가 밀 말년의 최후의 저작(가운데 하나)인 이 책은 또 다른 중요한 의미도 지니고 있는데, 그것은 사회주의 이념과 사회주의 운동, 그리고 그 토대를 이루는 현대 세계의 사회 모순에 대한 대응에 짙게 서려 있는, 존 스튜어트 밀 사상의 핵심을 이루는 그의 인간학을 더욱 분명하게 알려 준다는 점이다.

2. 합리적 소신의 사상가 밀

『사회주의론』이 초고 상태의 글이기 때문에 사회주의 문제에 관한 보다 솔직한 밀의 생각을 보여 준다는 평가가 있다는 것을 앞서 소개했는데, 이 책을 실제로 읽어 보면 그러한 솔직성은 초고라는 이 책의 성격과 무관하게 밀의 성품과 사고방식을 그대로 보여 준다는 느낌을 무엇보다도 강하게 받는다. 이 옮긴이 해제의 다음 장에서 말하겠지만, 말년의 밀에게 당대 사회주의가 제기한 문제들은 사상 면에서나 실제 삶의 면에서나 그가 평생 대응한 어떤 문제 못지않게 강력한 도전이 되었을 것이 틀림없어 보인다. 한편으로는 대체로 사회주의에서 제시하는 전망 또는 이상은 밀이 볼 때 (충분한 실험과 경험을 통해 검증하지 않을 때는 특히) 매우 위험할 뿐만 아니라 실패할 가능성이 높은 것이었지만(이에 관해서도 뒤에서 살펴보겠지만 이 역시 결국은 그의 '인간학'에 근본을 둔 판단이다) 당대 자본주의 체제에서 사회주의라는 급진 사상이 노동자들에게 큰 호응을 얻을 수밖에 없는 현실의 본질적 모순을 밀은 정확히 보고 있었기 때문이다. 중요한 것은, 밀이 이러한 상황에서 사회주의의 도전을 회피하지 않고 정면으로 받아들였다는 점이다. 『사회주의론』에 나타나는 사상가로서의 성실성에 비춰 볼 때, 그보다 더 강력한 사상적 도전 과제가 들이닥쳤다 해도 밀은 그것을 외면하지 않고 자신의 일관된 생각에 근거하여 그것에 차분히 대응했을 것

이라는 상상을 자연스럽게 하게 된다.[4]

밀이 사회주의에 정면 대응할 수 있었던 것은 한편으로는 자신의 일관된 소신에 근거한 자신감이, 다른 한편으로는 그러한 자신감이 가능케 한 열린 태도가 그 원동력이 되고 있는 것 같다.[5] 바로 이렇게 건강한 소신과 한 몸을 이루는,

---

4 이러한 상상을 뒷받침하는 밀 자신의 증언, 그리고 이와 관련하여 그가 제시하는 사례가 많이 있는데, 그의 국회의원 활동에 관한 증언 하나를 우선 소개하자면 다음과 같다.

> "대체로 나는 다른 사람들이 할 것 같지 않은 일을 떠맡으려 했기 때문에, 내 발언의 대부분은 자유당 의원의 대부분, 심지어 그중에서 진보적인 생각을 가진 사람들까지 나와 다른 견해를 가졌거나 혹은 비교적 무관심한 태도를 취한 문제에 쏠렸다."

존 스튜어트 밀, 『존 스튜어트 밀 자서전』, 최명관 옮김, 창, 2010, 283쪽.

그의 이러한 소신과 그에 입각한 주장은 '비타협적' 개혁주의자로서의 그의 면모를 잘 보여 줄 뿐만 아니라 오늘날 볼 때에도 대단히 중요한 의미를 갖는 것인데, 다음 장에서 그중 대표적인 몇 가지를 소개해 보겠다.

5 밀이 『사회주의론』을 쓴 시점은 혁명적 사회주의 또는 공산주의 운동의 이론적 지도자인 칼 마르크스(1818-1883)가 『공산당 선언(Manifest der Kommunistischen Partei)』(1848), 『정치경제학 비판을 위하여(Zur Kritik der Politischen Ökonomie)』(1859), 『자본론: 정치경제학 비판(Das Kapital: Kritik der Politischen Ökonomie)』 1권(1867) 등의 주저를 이미 발표했을 뿐만 아니라 실제 노동운동 노선을 둘러싸고도 밀과 입장 대립을 보인 바 있었던 때다. 그런데 밀은 『사회주의론』을 비롯한 자신의 저술에서 마르크스를 전혀 언급하지 않고 공산주의의 내용만을 소개하고 비판한다. 그러나 마르크스는 1872년의 '국제근로자연맹대회(International Workmen's Congress)'의 공개 석상에서 밀과 밀을 추종하는 영국 노동운동 지도자들을 "정치인들에게 스스로를 팔아먹은 사람들"이라고 비난했고, 그 후 영국 노동운동 지도

자신의 소신과 마찬가지로 상대방 입장을 존중하고 그 선의의 핵심을 이해하여 수용함으로써 '최선'에 이르고자 하는 열린 태도야말로 '합리적'이라는 말에 합당한 첫째 요건이라 할 것이다. 밀의 열린 태도는 우선 이 책 1장에 나오는 다음 두 문장, 즉 "그래서 지금 필요한 토론은 현존하는 사회의 최우선 원칙까지 짚어보는 토론이다. 이전 세대들에 의해 이론의 여지가 없는 것으로 여겨진 기본 원리들이 지금은 다시 시험대에 놓여 있다"는 언명에서 분명히 확인된다. 사회주의에서 제기하는 현존 자본주의 체제의 핵심 문제로 그가 받아들이고 주목하는 것은 바로 사유재산(과 분배) 문제인데, 이 문제를 대하는 그의 태도를 보면, "노동자의 인정을 받는 데 가장 중요한 것은 아주 완전히 솔직한 태도"이며, "이런 태도만 있으면 저들의 마음속에 아주 강력히 반대하는 생각이 있다 하더라도 그것을 극복할 수 있지만, 이런 태도가 없는 것이 분명해지면 제 아무리 다른 점에서 홀

자들은 이 모욕을 결코 용서하지 않았다. 이에 반해 "신사였던 밀은 그의 저서에서 그 어느 누구도 이름을 거명하며 모욕적인 언사로 비난한 일이 한 번도 없다"고 한다(이근식, 앞의 책, 195쪽). 역설적이게도 오히려 그가 가장 신랄하게 비판한 인물은 자신의 스승인 공리주의 사상가 제러미 벤담이 아니었나 싶다. 이 책의 자매편인 『벤담과 밀의 공리주의』의 「벤담론」을 보라.

름하다 하더라도 이 결함을 메울 수가 없다"⁶는 국회의원 출
마 연설 때의 유명한 일화의 의미를 소개하는 그의 말이 결
코 허언이 아니라는 것을 잘 알 수 있다. 당대 노동계급 또
는 '흙수저들'이 사회주의에 경도되는 현상에 반응하는 그
의 열린 태도는 허세가 아님은 물론, 진심에서 나오는 상대
방 이해와 (진정한 엘리트로서의) 철저한 자기 성찰에 근거한
것이다.

> 그러므로 (……) 사회주의에 의해 제기된 일반적 의문들
> 을 그 토대로부터 검토하는 것이 바람직하다. 또한 이 검
> 토는 아무런 적대적 편견 없이 이루어져야 한다. 재산에
> 관한 법률을 옹호하는 주장이 그 법률을 태곳적부터의
> 관습과 개인의 이익이라는 이중의 위세로 떠받드는 사람
> 들에게는 아무리 논박 불가능한 것이라 할지라도, 정치
> 에 관해 사색하기 시작한 노동자가 그 법률을 아주 다른
> 관점에서 보는 것만큼 자연스러운 일은 없다. (……) 이제
> 까지 이루어진 모든 것, 그리고 시민권의 확장으로 이루
> 어질 것으로 보이는 모든 것에도 불구하고 소수 사람들

---

6 존 스튜어트 밀, 앞의 책, 281–282쪽.

은 큰 부자로 태어나고 많은 사람들은 그와 대조적으로 더 불쾌감만을 주는 가난뱅이로 태어난다. 대다수가 더는 법의 힘에 속박되거나 좌우되는 것이 아니라 빈곤의 힘에 속박되거나 좌우된다. 그들은 여전히 한 장소, 한 직업, 그리고 고용인의 의지에 순응하도록 묶여 있고, 다른 사람들은 불모의 시대와 상관없이, 그리고 노력 없이도 물려받는 즐거운 일과 정신적이고 도덕적인 이점 두 가지 모두를, 자신의 우연한 태생 때문에 금지당한다. 이것은 인류가 이제까지 투쟁한 거의 모든 것과 맞먹는 악이라고 가난한 이들이 믿는 것은 잘못된 일이 아니다. (……) 사회제도의 전 영역이 재검토되어야 하고, 확신을 가질 수 있는 사람들은 자신들의 안락과 중요성을 현재의 체제에 신세 지는 사람들이 아니라, 공동체의 추상적 정의와 일반적 이익이라는 문제에만 관심을 가지는 사람들이라는 사실을 항상 마음속에 두고 생각하면서, 마치 지금 처음으로 제기되는 것처럼 모든 의문이 고찰되어야 한다고 노동계급은 주장할 자격이 있다.

교양 수준이 매우 높은 논리 전개와 문장 구사라는 점을 빼놓고 내용의 골자만 본다면, 영국에서 밀의 이 글이 발표된 지 무려 140년이 지난 지금, 이를테면 한국에서라면 대번에 예의 그 '종북' 딱지를 붙이려 드는 자들이 득달같이 달려들 만한 언사가 아닌가? 뒤에서 보겠지만 사회주의자들이 제기하는 현존 체제의 문제들을 있는 그대로 인정하는 태도는 이보다 더 나아가는데, 이러한 열린 태도는 앞서도 말했듯이 그의 일관되고 당당한 소신에 근거한 것이다. 여기서 밀은 '합리적'이라는 말의 둘째 요건이라 할 만한 사상가로서의 덕목을 보여 준다. 그것은 바로 과장을 배격하고 사실을 '있는 그대로' 보는 공정한 태도다.

(사회주의에서 제기하는—인용자) 여러 가지 문제가 현존하는 사회 질서에 불리하거나 이 세상에 사는 인간 자신의 위치에 불리한 끔찍한 실상을 보여 준다는 것을 부정하는 것은 불가능하다. 사회가 얼마나 많은 해악에 주목해야 하는지, 인간이 얼마나 많은 해악에 주목해야 하는지가 해결해야 할 주요한 이론적 문제다. 그러나 **가장 강력한 진상은 과장되기가 쉽다.** (……) 이 때문에, 마지막으로 말하건대, 정치경제학자들이 주장한 정책의 어떤 실제 원칙도 부정하고자 하는 것이 아니다. 나는 경제적 **사실**에 관한 무지, 그리고 **있는 그대로**의 사회의 경제 현상

이 실제로 결정되는 원인에 관한 무지를 말하는 것이다.

(강조는 인용자가 함.)

과장을 철저히 경계해야 하고(그렇다면 과장과 똑같은 본질의 축소나 왜곡도 마찬가지 경계 대상이 될 터이다) 사실을 '있는 그대로' 보아야 한다는 밀의 생각과 주장은 이 맥락에서 그저 중요하고 누구나 인정할 만한 상식을 강조하는 것 또는 자신의 입장을 강화하기 위한 아전인수의 포석으로 치부할 수 없는 묵직한 울림을 준다. 특히 중요한 문제일수록 과장해서 보는 것을 경계하고 사실을 가장 정확히 보아야 한다는 말은, 이 책이 밀의 말년에 쓰였다는 사실 만큼의 무게감을 느끼게 하고, 특별한 의미에서 그를 합리적 사상가로 부르는 데 주저함이 없게 한다.

3. 사회주의의 분류 관점과 비판에 나타난 개혁주의자-평화주의자-법치주의자 밀

19세기 초에 (『사회주의론』에서도 중요하게 언급하고 있는) 영국의 로버트 오언이라는 사회개혁 운동의 선구자가 스코틀

랜드의 뉴 래너크에서 시작한 획기적 '협동 마을' 실험 이래로, 밀이 『사회주의론』을 쓰던 시기에 이르기까지 사회주의 운동은 부침을 겪으면서도 다양한 갈래로 지속되고 있었다. "존 스튜어트 밀이 국가 간섭을 옹호하면서 택하게 되었던 중도적 철학은 벤담주의의 이론뿐 아니라 산발적인 사회주의 운동에도 그 뿌리를 두고 있었다"[7]는 평가가 있을 뿐만 아니라, 1848년 프랑스혁명 후에는 "일반 사람들의 마음이 새로운 사상을 받아들이는 데 더욱 개방되었고, 또 얼마 전에는 세상에 큰 충격을 주었을 학설이 이제는 온건하게 여겨지게" 되자, "그 후 1~2년 동안 나는 대륙의 가장 훌륭한 사회주의 사상가의 저술을 연구하고 이 방면의 논쟁에 포함되는 문제의 전 범위에 대하여 사색하고 토론하는 데 많은 시간을 썼다"[8]는 밀 자신의 증언에서도 알 수 있듯이, 사회주의는 성숙기의 사상가 밀에게 가장 중요한 고찰 대상 가운데 하나였다.[9] 사회주의 연구를 본격적으로 시작한 이 시

---

7 리처드 D. 앨틱, 『빅토리아 시대의 사람들의 사상』, 이미애 옮김, 아카넷, 2011, 224쪽.

8 존 스튜어트 밀, 앞의 책, 238쪽.

9 사회주의자들이 제기하는 문제들에 관해 적극적 고찰에 나서게 된 것도 아내 해리엇 테일러의 강한 영향 때문이라는 것을 밀이 고백한다(위의 책,

점을 감안한다면 『사회주의론』이 사회주의에 관한 얼마나 오래고 깊은 사색의 결과물인지를 짐작할 수 있다.

사회주의에 관한 고찰을 담고 있는 밀의 주요 저서로는 『사회주의론』 이외에 『정치경제학 원리Principles of Political Economy』(초판 1848년, 7판 1871년)가 있는데, 명칭 사용과 사회주의자의 이념 분류 등에서 두 저서 사이에 다소 혼란이 나타난다. 그러나 두 저서의 설명을 종합하자면 "사회주의는 생산수단의 공유를 주장하는 이념으로, 공산주의(또는 혁명적 사회주의—인용자)는 생산수단의 공유와 아울러 중앙 계획 당국에 의한 국가 경제의 집중적 운영, 노동의 집단화와 균등 분배 및 혁명에 의한 사유재산제도의 전복을 주장하는 극단적인 형태의 사회주의라는 의미"[10]로 이해하는 것이 타당하다.

위 두 저서에 담긴 설명을 볼 때 밀이 공산주의는 전반적으로 부정적으로 보고 있고 사회주의에 대해서는 '호의적 비판'의 관점을 지니고 있음을 분명히 알 수 있다. 그러나

249쪽). 존 스튜어트 밀과 해리엇 테일러의 운명적 관계는 『벤담과 밀의 공리주의』의 옮긴이 해제에서 간략히 소개했다.

10 이근식, 앞의 책, 187–188쪽.

"공산주의에서 행하게 될 규제라는 것은 대다수 인간의 현재 상태와 견주어 보면 오히려 자유일 것이다"라는 『정치경제학 원리』의 한 구절을 『사회주의론』의 '2장: 현 사회질서에 대한 사회주의의 반대'의 맨 앞에서 인용하면서 이 장을 시작할 정도로 그는 현존 자본주의 체제의 모순에 대한 두 부류의 사회주의자들의 비판 모두에 열린 자세를 보인다. 그런데 밀이 소개하는 현존 질서에 대한 사회주의자들의 비판이 아주 절절하고 설득력 있기 때문에, 언뜻 보아서는 그것이 사회주의자들의 비판인지 (앞선 인용문의 사회 비판 맥락의 연장선상에 있는) 밀 자신의 비판인지 분간하기 힘들 정도다. 이러한 '혼동'은 밀이 교묘하게 의도한 것처럼 보일 정도인데, 어쨌거나 그 효과로 현존 질서의 모순이 더 적나라하게 드러난다.

> 가장 적게 받는 사람들이 가장 많이 일하고 절제한다. (⋯⋯) 분배의 정의, 또는 성공과 장점, 또는 성공과 노력 사이의 비례 원칙이라는 바로 이 개념은 현 사회 상태에서 아주 명백히 현실과 동떨어진 것이어서 지어낸 이야기(romance)의 영역으로 밀쳐내어질 정도다. (⋯⋯) 상황을 결정하는 모든 것들 가운데 가장 강력한 것은 태생이다.

대다수 사람들은 태어났을 당시 모습 그대로다. 어떤 사람들은 일하지 않는 부자로 태어나고, 다른 사람들은 일해서 부자가 될 수 있는 자리에 태어나고, 대다수 사람들은 평생 고된 일과 빈곤을 겪도록 태어나고, 많은 사람들이 지독한 가난뱅이로 태어난다. 인생에서 태생 다음으로 주요한 성공 원인은 우연한 사건과 기회다. 부자로 태어나지 않은 어떤 사람이 부를 획득하는 데 성공할 때에는 그 자신의 부지런과 재주가 대개는 그 결과에 기여한 것이다. 그러나 소수의 운명에만 주어지는 우연한 사건과 기회가 동시에 발생하지 않았다면 부지런과 재주만으로는 충분치 않았을 것이다. 만일 사람들이 세상살이를 하면서 자신의 미덕의 도움을 받는다면 아마도 그만큼이나 자주 자신의 악덕, 노예근성과 아첨 근성, 매몰차고 인색한 이기심, 거래에서 허용되는 거짓말과 속임수, 도박의 투기, 이따금 하는 노골적 부정행위의 도움도 받을 것이다. 정력과 재능은 미덕보다 인생에서 성공에 훨씬 더 도움이 된다. 그러나 만일 어떤 사람이 일반적으로 쓸모 있는 어떤 일에서 정력과 재능을 써서 성공한다면, 또 다른 사람은 경쟁자를 계략에 빠뜨리고 파멸시키는 데 정력과 재능을 써서 부자가 된다. 다른 조건이 주어진다면 정직이 최선의 정책이라고, 또한 같은 장점을 가지고 있다면 정직한 사람이 사기꾼보다 더 좋은 기회를 잡는다고 주장하는 것은 도덕주의적 모험이나 마찬가지다.

현존 질서에 대한 사회주의자들의 비판을 이렇게 충실히 수용하고 소개하는 것은[11] 달리 한마디로 말하자면 현존 질서에 대한 밀 자신의 개혁 의지를 여실히 보여 주는 것이라고 할 수 있다. 그러나 정작 중요한 문제가 개혁의 방법인데, 사회주의와 공산주의를 구별해서 평가하는 데에서 밀이 추구하는 개혁 방법이자 지향 이념인 평화주의가 나타난다. 공산주의를 주장하는 사람들의 폭력혁명은 1789년 프랑스 대혁명의 가장 '유능한' 급진파 지도자들이라도 감당할 수 없을 정도의 유혈 사태와 참상을 초래할 수밖에 없다는 현실적 판단이 무엇보다 우선되는 평화주의 지향의 명분이다. 또한 그는 공산주의자의 주장은 '사적 견해'라고 비판하는데 그것은 『사회주의론』에서 일관되게 말하듯이 '실험의 증명'이 결여된 것이라는 의미다. 즉 "아직까지 어떤 **실험의 증**

---

11 이 중에는, 당시에 부당한 이득을 엄청나게 획득하고 있었던 상업계급에 대한 사회주의자들의 매우 신랄한 비판을 그대로 소개하는 아주 많은 분량의 직접 인용문들도 포함된다.

명에 의해서도 확인되지 않은 자기 자신의 **사적 견해**의 힘에 의지하여 이러한 게임을 하고자" 하고 "만일 그 시도가 저항에 부딪히면 뒤따르게 될 끔찍한 **유혈 사태와 참상**을 무릅쓰고자 하는 사람들은 한편으로는 자기 자신의 지혜에 침착한 자신감을, 그리고 다른 한편으로는 다른 사람들의 고통에 대한 무모함을 지니고 있어야 하는데, 여기서 이 두 가지는 이제까지 이 두 가지의 결합된 자질을 지닌 전형적 인물들이었던 로베스피에르와 생쥐스트가 미칠 수 없는 정도의 것이다."(강조는 인용자가 함.) 그러나 공산주의가 지닌 더 본질적인 문제는 그것이 '증오의 원칙' 위에 서 있다는 점이다.

　혁명적 사회주의자들 중 너무도 많은 이들을 고무하는 원칙은 바로 증오, 즉 혼돈으로부터 더 나은 조화의 세계가 나타날 것이라는 희망에서, 그리고 어떤 점진적 개선에 관한 절망도 참을 수 없어서, 심지어 현 체제 때문에 고통 받는 사람들에 대해서조차 무슨 대가를 치르더라도 현 체제를 끝장냄으로써 분출하려고 하는 현존하는 해악에 대한 아주 이유 있는 증오이기 때문이다. 그들은 혼돈이 조화의 건설 작업을 시작하는 데 가장 불리한 상태이고, 수백 년 동안 갈등과 폭력과 강자에 의한 약자의 폭압을 틀림없이 거쳐야 한다는 것을 깨닫지 못한다. 그들은 홉스가 묘사하는바 (『리바이어던』1부 13장) 만인이 만인의 적인 원시 상태로 인간을 아주 강제로 몰아넣으려 한다는 것을 알지 못한다.

공산주의이건 사회주의이건 간에 실험에 의한 증명이 성공의 관건이라는 것이 밀의 일관된 주장인데, 과연 무슨 실험이 필요하다는 말일까? "사적 소유의 사회경제와 공산주의의 사회경제에 있는 원동력의 차이는 **감독하는 사람들**의 경우에 가장 클 것이다"(강조는 인용자가 함.)라는 말에, 공산주의 체제에 대해 밀이 지닌 문제의식의 핵심이 있다. 밀이 보기에 공산주의 체제를 실질적으로 지탱하는 것은 여러 가지 집단의 관리자들인데, 이 체제 하의 관리자들은 무엇보다도 "각 개인의 의무가 고정된 규칙에 더 가까운" 의무 수행 체계에서 일을 하기 때문에 "운영의 효율성과 경제성을 위해 최대한도로 자신의 최선을 다하고자 하는 사람의 경우처럼 강력한 개인적 동기"를 갖지 못하고, "관리자들이 독립적으로 행동할 수 있는 권한이 제한되어" 있기 때문에 "새로운 방법으로부터 나오는 발견, 그리고 먼 미래의 불확실한 이득을 위한 지금 당장의 희생"을 과감하고 자유롭게 시도할 수 없다. 그래서 역설적이게도 "공산주의 체제 하에서 관리에 가장 적격인 개인들은 그것을 떠맡기를 주저하는 일이 아주 잦을 가능성이 많다." 한마디로 공산주의에서는 그 체제를 떠받치고 이끌어 가는 관리자들이 창의성을 살릴 수 없다는 말이다. 공산주의의 이러한 문제점에 대비해 보자면, 밀이 보기에 오언과 푸리에는 "일반적으로 더 생각이 깊고 철학적인 사회주의자들"이라 할 수 있는데 이들은 "사유재산과 개인 간 경쟁을 다른 행동 동기로 대체하는 새로운 사회질서를 위한 계획을 마을 공동체나 읍(township) 규모에서 세우고 그러한 자율 행동 단위를 늘려서 나라 전체에 적용해 보고자 하는 사람들"이기 때문이다.

밀의 대안은 무엇일까? 어느 부류의 사회주의에서건 공통으로 제기하는 현존 질서의 핵심 문제는 결국 '(사유)재산'의 문제라는 것이 밀의 판단인데, 이것은 『사회주의론』의 마지막 장인 4장의 맨 뒤에 '고정되지 않은 가변적 사유재산 개념'이라는 제목의 일종의 '부기(附記)'까지 달아 사유재산 제도사를 다루면서, "재산이라는 개념은 역사를 통틀어 동일한, 그리고 변경할 수 없는 어떤 한 가지 실체가 아니라, 인간의 마음이 만들어 내는 다른 모든 것과 마찬가지로 가변적인 것"이라는 말로써 현존 질서의 근본적 변혁 가능성을 명시하고 있는 데에서 잘 나타난다. 재산 문제는 『정치경제학 원리』에서도 독립된 한 장을 할애하여 중요하게 다루고 있는데, 부의 생산은 "물체들의 구성 원리가 정해 놓은 한계 안"에 있을 수밖에 없지만 부를 분배하는 일은 "순전히 인간 **제도**의 문제"[12](강조는 인용자가 함.)라는 간명한 주장에서 그의 생각을 명확히 알 수 있다. 여기서 그가 말하는 '제도'란 결국 '법의 정의'다. 그리스신화의 정의(Justice)의 여신인 디케(Dike), 그리고 그에 해당하는 로마신화의 여신 유스티티아(Justitia)가 법의 상징인 것은 '법=정의'임을 의미하는데, 사회주의에서 제기하는 현존 질서의 문제를 해결하기 위해서도 무엇보다 엄정한 법의 정의를 확립하고 끊임없이 재확립해야 한다는 일관된 주장에서 법치주의자 밀의 면모가 명료하게 나타난다.

이 책 『사회주의론』을, "오늘날 세계에서 거의 가장 강력한 나라이고 머지않아 논란의 여지 없이 그렇게 될 대서양 저편 위대한 나라에서 성년 남자 선거권이 보편화되었다"는 문장으로 시작하는 것에서 이미 밀은 자신의 법치주의 사

---

12 존 스튜어트 밀, 『정치경제학 원리(2)』, 박동천 옮김, 나남, 2010, 20쪽.

상을 강력하게 드러낸다. 비록 성년 남자에게 국한된 것이기는 하지만 '대서양 저편 위대한 나라' 미국에서 선거법 개혁에 의해 보통선거권이 확립된 것은, 미국을 포함하여 프랑스와 독일, 그리고 영국 등 구미 '문명국'에서 제도에 의한 '합법적 개혁'이 거스를 수 없는 대세가 되었다는 사실을 말하고자 하는 것이다. 밀은 특히 영국의 1867년 '선거법 개정법'이 "노동계급의 손에 쥐어 준, 크게 높아진 선거 권력은 영구적인 것"이기 때문에 "그들 집단의 목적을 옹호하는 데 중요한 자기 집단의 선거 권력을 만드는 수단을 머지않아 찾게 될 것"이라고 낙관한다. 또한 "현 체제 하에서 겪는 해악과 불의는 크지만 (……) 일반적 경향은 그것들이 서서히 감소하는 쪽"이라는 것이 밀의 현실 진단이고, "만일 나쁜 법률이 방해하지 않는다면(즉 법의 정의가 제대로 선다면—인용자) 이 (삶의 질—인용자) 개선은 꾸준히 진행될" 것이라는 게 법의 정의에 의거하는 진보주의자 밀의 신념이다.[13]

---

13 예컨대 밀은 자서전에서 국회의원 시절에 "당시 많은 사람들에게 나 한 사람만의 망령된 생각"(존 스튜어트 밀, 앞의 책, 283쪽)으로 여겨진 여성참정권과 비례대표제를 주장한 것을 아주 자랑스럽게 소개한다. 법의 정의에 의한 진보라는 신념을 추구하는 데에는 밀이 혁명주의자들 못지않게 비타협적이었다는 것을 알 수 있다.

그러나 인간 세계에서는 법의 정의보다도 더 중요한 것이 있다는 것이 밀의 깊은 믿음인데, 그 믿음은 밀 사상의 핵심인 그의 인간학에 근본을 두고 있으며, 바로 그 인간학이 정치경제학 저작인 『사회주의론』에서 뚜렷이 나타난다는 점에 주목해야 한다. '점진개혁주의'(또는 흔히 말하는 개량주의)라 이름 붙일 수 있는 밀의 사회개혁론의 근본에는 이 인간학이 있다.

4. 『사회주의론』을 통해 보는 존 스튜어트 밀의 일관된 인간학

『사회주의론』에 담긴 밀의 사회개혁론을 보면 그가 자본가의 입장과 자본가가 주도하는 사회체제를 옹호하고 있다는 데에는 이견을 달기 힘들 것 같다. 그러나 그가 자본'주의'라는 말을 전혀 쓰지 않는 데에서도 알 수 있듯이, 현존 사회는 분배 정의를 추구하는 과정에서 아주 큰 변화를 수용하여 획기적으로 개선될 가능성이 충분히 있다고 그는 본다. 그는 '노사 간 동업 제도(industrial partnership)'를 그러한 변화의 대표적 실마리로 제시하는데, "이러한 **제도가 일반화되면**, 이 중 많은 회사가 그 우두머리가 사망하거나 은퇴하는 어느 시기에 **제도에 의해** 순수한 협동조합 상태로 될 수조차 있다"(강조는 인용자가 함.)는 전망을 내놓기도 한다. 그러나 "가장 부유한 경쟁자는 자신의 모든 경쟁자들을 없애 버리지도 없애 버릴 수도 없고, 스스로 시장을 독점 소유하지도 않고", "이전에는 여러 분야로 나뉘어 있던 산업이나 상업의 모든 중요한 분야가 소수의 독점자본이 되었거나 되는 경향을 보여 준다는 것은 사실이 아니"라는, 당대의 경제 현실에 대한 밀의 진단이 정확한 것인지 여부는 차치하더라도, 끊임없이 자기 몸을 부풀리고자 하는 것 자체를 본질로 하는 자본(가)의 '위험한' 속성을 그가 너무 만만히 보고 있고 분배 문제의 해결을 지나치게 낙관하고 있다는 생각이 든다. "런던 증시 주가지수(FTSE 100) 기업 최고 경영자의 연봉 중간 값은 345만 파운드(약 49억 6900만 원)로, 정규직 노동자 평균인 2만 8758파운드(약 4141만 원)의 120배"[14]인 것이 밀이 낙관했던 그의 조국 영국의 분배 정의의 오늘날 처지이며, "2014년 기준으로 10대 그룹 상장사 78곳의 경영자의 보수는 일반 직원의 35배, 최저임금의 무려 180배"이고

---

14 "영국 '살찐 고양이'들, 사흘 만에 노동자 1년 치 연봉 다 벌었다", 〈한겨레〉, 2018. 1. 4, 〈http://www.hani.co.kr/arti/international/europe/826318.html?_fr=mt2〉, (2018. 1. 5).

"OECD 국가들에서 상위 10퍼센트와 하위 10퍼센트 사이 평균 격차는 5~7배 정도인데 반해 우리나라는 지금 11배가 넘는"[15] 것이 성공한 후발 자본주의국으로 칭송되곤 하는 오늘날 한국의 더 심각한 실정이고 보면 밀의 낙관이 더욱 더 문제시된다.

그가 분배 정의를 실현하는 중요한 대안적 제도로 협동조합을 누차 강조하면서도 로버트 오언의 '실험'보다 푸리에 '주의'를 훨씬 더 중시해서 언급하는 것도 그래서 매우 의아스럽다(그러나 뒤에 말하겠지만, 사실 그 이유는 명백하다). 왜냐하면 푸리에는 "모든 쾌락 중에서 최고인 사랑에 필연적으로 높은 중요성을 부여해야 한다"[16]는 자신의 이념의 '최고 강령'을 구현하기 위한 이상적인 자율적 조화의 공동체 '팔랑스테르(phalanstère)'를 유토피아로 구상하는 데 그쳤지만, 로버트 오언이 뉴 래너크에서 실행하고 일시적이나마 매우 의미 있는 성공을 거둔 작업은 단순히 실험이라고 말하

---

15 "정의당 심상정 대표, '살찐고양이법'을 발의했다", 〈HUFFPOST KOREA〉, 2016. 6. 28, 〈http://www.huffingtonpost.kr/2016/06/28/story_n_10709714.html?utm_hp_ref=korea&ir=Korea〉, (2018. 1. 5).

16 샤를 푸리에, 『사랑이 넘치는 신세계 외』, 변기찬 옮김, 책세상, 2007, 78쪽.

는 것이 매우 부적절할 정도로 당시는 물론 이후 현실에서도 크게 긍정적인 영향을 미친 역사적 실험이기 때문이다. 또한 "(밀의 스승인—인용자) 공리주의자 제러미 벤담(Jeremy Bentham)이 공공연히 오언을 지지했고 정부 관료나 기업가들도 오언을 지지했다"[17]는 사실, 게다가 오언이 자신의 저서 『사회에 관한 새로운 의견』을 출간하기 전에 자신의 친우들 몇몇에게 초고를 회람하여 비판적 견해를 듣기도 했는데 그 중에는 "그의 새로운 동업자인 제러미 벤담의 가까운 벗들인 (존 스튜어트 밀의 아버지—인용자) 제임스 밀(James Mill)과 프랜시스 플레이스(Francis Place)도 있었"[18]다는 사실, 그리고 엥겔스 이후 마르크스주의자들이 로버트 오언을 비롯해 샤를 푸리에와 생시몽을 싸잡아 '공상적 사회주의자들'이라고 매도했으나 정작 마르크스와 엥겔스는 이들을 깊이 존경하고 그 사상을 높이 평가했으며[19], 그 후대의 사상가들에게도 오언은 "형제애, 박애의 영웅"이자 "자본가였지만 자기

---

17 로버트 오언, 『사회에 관한 새로운 의견』, 하승우 옮김, 지식을만드는지식, 2012, 14-15쪽(해설).

18 G. D. H. 콜, 『로버트 오언』, 홍기빈 옮김, 칼폴라니사회경제연구소, 2017, 176쪽.

19 위의 책, 7-9쪽의 '역자 서문' 참조.

노동자들과 협력하여 형제애의 정신으로 일한"[20] 사람으로, 나아가 오언의 사회주의는 "복음서의 가르침이 결코 충분한 것이 될 수 없는" 현대인에게 최초로 "사회에 대한 깨달음"을 줌으로써 "인간의 자유에 대한 권리를 지지하는 것"[21]으로 평가받는다는 사실, 그리고 이 모든 사실보다도 더 중요하다고 볼 수 있는 사실로서, 오언은 "최고로 잘 다스려지는 국가란 최고의 국민 교육제도를 가진 국가일 것"[22]이라고 힘주어 공언할 정도로 밀이 무엇보다 강조하는바 '인간을 인간답게 만드는 **교육**'을 더없이 중시했을 뿐만 아니라, 대단히 창의적이고 흥미로운 방법을 통해 자신의 교육철학을 실행했다는 것을 감안한다면, 그러한 의아함과 아쉬움이 더더욱 크게 남는다.

그러나 이러한 의아함과 아쉬움은 그대로 남겨 두면서도, 밀이 주장하고 그 실현을 위해 스스로 힘쓰기도 한 법의 정의의 정신은 그것대로 인정하고 제대로 본받을 필요가 있다고 생각한다. 밀의 문제의식을 충분히 받아들이고 본다면

---

20 Charles Kovacs, *The Age of Revolution* (Edinburgh: Florisbooks, 2014), p.179.

21 칼 폴라니, 『거대한 전환』, 홍기빈 옮김, 도서출판 길, 2013, 602-603쪽.

22 로버트 오언, 앞의 책, 105쪽.

그가 강조하고 진력한 쪽은 '노사 간 동업 제도'나 협동조합 같은 개혁제도 자체라기보다는 이것들을 포함하여 분배 정의를 위한 온갖 제도를 밑받침하는 법률 개혁 쪽이었다고 이해할 수 있다. 이런 의미에서, 그가 『사회주의론』의 마지막 대목에서 "이 점 또는 다른 어떤 점에 관해, 주어진 시대와 장소의 법률과 관습이 판에 박은 주장을 영원히 하지는 않는다"고 한 말의 의미를 주목해야 한다. 과감한 법률 개혁을 통해 정의를 구현할 수 있고 구현해야 한다는 것이 밀의 일관된 강조점이다. 그러니 오늘날 악화되어 있는 분배 구조를 보면서 밀의 '낙관'을 문제 삼기 전에 그가 보여 주었던 '비타협적' 법률 개혁의 정신을 새삼 되새기는 것이 먼저일 것이다. 그런데 밀이 재산권 문제를 언급하고 있는 위의 대목에서 이 문장의 바로 다음 문장, 즉 "법률이나 관습으로 제안된 개혁이 모든 인간사를 현존하는 재산 개념에 맞추는 것이 아니라, 현존하는 재산권 개념을 **인간사의 성장과 개선**에 맞춘다고 해서 반드시 반대할 만한 것은 아니다"(강조는 인용자가 함.)라는 말이 더 눈길을 끈다. 결국 법률에 의한 사회개혁조차 그보다 더 근본적인 원동력에 의해 이루어질 수밖에 없는데 그것은 바로 인간 그 자신의 성장이라는 것이다. 그런데 엄밀히 말하자면 이때 밀이 말하는 인간 그 자신이란 '개인'이다.

밀의 다른 모든 저작에 담긴 논지와 마찬가지로, 아니,『사회주의론』에 나타난 사회주의 평가와 밀 자신의 사회개혁론의 근본에는 더더욱 밀의 일관된 인간관 또는 인간학이 확고히 자리 잡고 있다. 밀의 대표 저작이자 그의 인간학을 대표하는 저서는 유명한『자유론』일 터이지만, 개인 또는 개인 간의 '차이', 즉 개성을 중시하는 밀의 인간학의 현실적 의미가 더욱 부각되는 것은 사실『사회주의론』에서다. '사회'를 (극단적으로) 강조하는 이념에 대응하면서 '개인의 자유'에 관한 그의 지론이 더욱 현실감 있게 다가오기 때문이다(이것이 그가 인간의 사회성을 중시하지 않았다는 의미가 아니라는 것은 굳이 설명이 필요하지 않을 것이고, '개인과 사회'의 관계에 관한 밀의 사유에 관해서는 여러 전문 연구자들의 많은 논의가 이미 있었으니 그것은 역자가 이 자리에서 언급할 몫은 아닌 것 같다).

그가 "준비되지 않은 사람들을 공산주의 사회 속으로 억지로 들어가게 하는 것은, 정치혁명이 그러한 시도를 할 수 있는 권력을 준다 할지라도, 실망스럽게 귀결될 것"이라 단정해서 '예언'하면서 공산주의의 성공을 의심하는 근거가 그의 인간학에 있다. 그는『대의정부론(Considerations on Representative Government)』(1861)에서 이렇게 말한다. "인간은 통상적으로 다른 사람보다 자신을, 그리고 멀리 떨어진 사람보다 가까이 있는 사람을 더 챙긴다. 인간이 그 같은 일을 그만둘 수 있을까? 그렇게만 된다면 바로 그 순간부터 공산주의(Communism)는 실천 가능할 뿐 아니라 우리가 지켜야 할 유일한 사회 형태가 될 것이다. 그런 때가 오기만 한다면 공산주의는 분명 잘 작동할 수 있을 것이다."[23] 그렇기 때문에 그가 보기에 공산주의라는 '이상'을 실현하기 위해서는 "**유인책을 통해서가 아니라** 자기 협동체의 전체 이익에 참여하고 그 협동체에 대한 의무감과 공감으로써 삶의 노동에서 정직하고 정력적으로 자기 몫을 하기 위한 자격을 **스스로 갖추는 도덕성**, 그리고 먼 미래의 이익을 가늠하고 복잡한 문제들을 다룰 수 있는 능력을 **스스로** 갖추고, 이 문제들에 관해 좋은 조언과 나쁜 조언을 적어도 충분히 분간할 수 있는 **지성**"(강조는 인용자가 함.)을 길러 주는 교육이 다른 어떤 체제에 비할 바 없이 필수다. 그래서 그 성공을 위해서는 실험이 반드시 선행되어야 한다는 것이다. "그렇다면 공산주의는 실제 실험을 통해 이러한 훈련을 시킬 수 있는 능력을 증명해야 한다. 실험만이, 공산주의를 성공하게 만들

---

23 존 스튜어트 밀, 『대의정부론』, 서병훈 옮김, 아카넷, 2012, 61쪽.

고, 그들의 다음 세대에게 그 높은 수준을 영구히 유지하는데 **필요한 교육을 할 만큼 충분히 높은 수준의 도덕 교양을 아직까지 일부분 사람들이라도 지니고 있는지**를 보여 줄 수 있다."(강조는 인용자가 함.) 밀이 근본적으로 염려하는 점이 이 마지막 대목에 있다. 이상이 높으면 높은 것일수록 결국 그 성공의 관건은 그에 걸맞은 교육을 담당할 수 있는 높은 수준의 도덕성과 지성을 가진 개인이 얼마나 있느냐가 그 실현의 관건이라는 것이다.

밀이 사회주의 가운데에서도 푸리에주의를 고평하는 이유도 그의 인간학과 직결되어 있다. 그는 "지적 독창성의 표본으로만 본다면, 사회에 관해서 또는 인간의 마음에 관해서 공부하는 사람은 누구나 아주 관심을 가질 만한 체계"라고 푸리에주의를 극찬하는데, 우선 "노동을 매력 있게 만드는 방법"을 고안하려고 노력하고 "자본의 자의적 처분이 아닌 자본 분배와 개인 소유라는 불평등"을 인정함으로써 사회주의의 주요 난점이 극복될 가능성을 제시했기 때문이다. 밀이 보는바 푸리에가 구상한 공동체 '팔랑스테르'의 가장 중요한 미덕은, "마을의 노동자들은 **자발적으로** 자신들을 무리 짓고, 각각의 집단은 서로 다른 종류의 일을 맡되 한 사람이 한 집단에만 속할 수도 있고 여러 집단에 속할 수도 있다"(강조는 인용자가 함.)는 데에 있는 것 같다. 즉 "**개인이 자기 삶의 방식을 자유롭게 선택하는 것**", "푸리에주의 공동체의 모습은 그 자체로 매력이 있을 뿐만 아니라 알려진 다른 어떤 사회주의 체제보다도 공통된 인간성으로부터 요구하는 것이 적다"(강조는 인용자가 함.)[24]는 것이 밀이 푸리에'주의'를 지지하는 핵심 이유다(밀은 "이 제도는 사회생활의 모든 새로운 계획의 운용 가능성을 유일하게 시험할 수 있는 공정한 실험을 거쳐야 한다"는 단서를 단다).

개인의 높은 지성, 도덕성, 창의성, 그리고 그것을 살리는 교육이 사회주의(또는 공산주의) 성공의 관건이라는 밀의 생각은 곧 그러한 교육을 통해 지성과 도덕성과 창의성을 자유롭게 고양할 때 인간이 인간다워진다는 그의 인간학을

---

24 푸리에의 '팔랑스테르' 구상과 관련하여 밀은 『정치경제학 원리』에서 이런 부연 설명을 한다.

"사람들의 취향과 재능이 다양하다는 점에 착안하여 공동체의 모든 구성원이 여러 집단에 애착을 가지고, 혹은 정신적이고 혹은 육체적인 여러 종류의 직무에 종사하며, 하나 또는 수 개의 집단에서 높은 위치에 올라갈 수 있으리라고 그들은 추론한다. 그리하여 진정한 평등 또는 처음에 생각했던 것보다 거기에 훨씬 더 가깝게 근접한 상태가 실제로 이뤄지리라는 것이다. **이는 각 개인에게 내재하는 다양한 탁월성**을 압박해서 짜낸 결과가 아니라 오히려 **가능한 최대한으로 계발**시킨 결과라고 한다."(강조는 인용자가 함.)

존 스튜어트 밀, 『정치경제학 원리(2)』, 박동천 옮김, 나남, 2010, 41쪽.

보여 준다. "개선을 가능하게 만드는 절대적이며 영원한 요소는 오직 자유에서 나온다"[25]는 『자유론』 사상의 핵심을 그대로 잇고 있는 그의 이러한 인간학은 특히 현대 세계에서의 개개인의 자유로운 정신생활의 중요성을 강조한 루돌프 슈타이너의 교육철학과 일맥상통하기도 한다.

> 오늘날 중시해야 할 것은 학교가 완전히 자유로운 정신생활 내에 자리 잡도록 하는 일이다. 무엇을 가르치고 교육해야 할지는 오로지 성장하는 인간과 개인의 소질에 대한 인식에서만 나와야 한다. 진정한 의미의 인류학이 교육과 수업의 근거가 되어야 한다. (……)
>
> 거침없이 발달하도록 양성된 개인적 재능들이 항상 새로이 사회 조직으로 공급될 때에만 학교와 사회조직 간의 건강한 관계가 유지된다. (……) 국가 생활과 경제생활은 독립적인 정신생활에 의해 양성된 사람들을 맞아들여야 한다. 국가 생활과 경제생활이 그들의 필요에 따라 교육과정을 지시해서는 안 된다. 한 인간이 특정한 연령에 무엇을 알아야 하고 할 수 있어야 하는지는 인간 천

---

25 존 스튜어트 밀, 『자유론』, 서병훈 옮김, 책세상, 2012, 133쪽.

성에서 나와야만 한다. 국가와 경제는 인간 천성의 요구에 상응하도록 형성되어야 한다. "특정한 직무를 위해 사람이 필요하다. 그러니까 우리가 필요한 사람인지 **검증하라**. 무엇보다 먼저 우리가 필요한 것을 그들이 알고 있고 할 수 있도록 교육하라"고 국가와 경제가 말해서는 안 된다.[26](강조는 원문 그대로임.)

그런데 그렇게 인간을 진정으로 인간답게 만드는 교육이 결코 쉽지 않다는 데에 밀의 고민이 있다. "인간을 교육하는 것은 모든 예술 가운데 가장 어려운 것 중 하나고, 이것이 바로 교육이 이제까지 전혀 성공하지 못한 원인 중 하나"이며, "게다가 일반 교육을 개선하는 것은 아주 점진적일 수밖에 없는데, 미래 세대는 현재 세대에게 교육 받고 있고, 교사들의 불완전함은 그들이 학생들을 자기보다 더 낫도록 훈련시킬 수 있는 수준에 극복할 수 없는 한계를 설정하기 때문이다." 이처럼 밀의 '점진주의' 또는 '개량주의'는 '정치적' 판단이 아니라 참된 교육의 어려움에 관한 인식에 그 근거가

---

26 루돌프 슈타이너, 『사회문제의 핵심』, 최혜경 옮김, 밝은누리, 2010, 194-195쪽.

있다(필요한 모든 면에서 능력과 덕성을 가진 교사를 충분히 확보하는 것이 자신의 교육철학을 실현하는 관건이라고 생각한 루돌프 슈타이너 역시 마찬가지 문제의식을 가지고 있었다).

밀은 자서전에서, 의회에 있는 동안 폐회 기간을 이용하여 쓴 글이 아일랜드에 관한 팸플릿과 「플라톤론Essay on Platon」 두 편이라고 말한다. 플라톤과 플라톤을 매개로 접한 소크라테스의 가르침은 어린 시절에 아버지를 통해 배운 이래로 평생 동안 밀 사상의 중심이 되었다. 밀이 이 두 스승에게 배운 국가의 이상은 "황금을 많이 가진 부자들이 아니라, 행복한 사람들이라면 누구나 갖춰야 할 것, 즉 훌륭하고 지혜로운 삶의 측면에서 부유한 사람들"[27]을 의미하는 "진정한 부자들이 통치"[28]하는 국가일 것이다. 평생 단 한 번도 학교교육을 받지 않은 밀이 성 앤드루 대학 학생들에 의해 이 대학 총장으로 선출되었을 때 그가 한 취임 연설에서, 그는 그러한 국가를 실현하게 해 줄 교육에 관해 암시했다. 그는 자신이 이 연설에서 "낡은 **고전** 과목과 새로운 과학 과목이 똑같이 높은 교육적 가치를 가지고 있음을 흔히 이것

---

27 플라톤, 『국가』, 천병희 옮김, 도서출판 숲, 2016, 396쪽.
28 위의 책, 395쪽.

을 주장하는 사람들이 내세우는 이유보다도 더 강력한 근거에 입각하여 입증"했고 이로써 "**최고의 정신적 교양의 조건**에 대해서, 고등교육을 받은 사람들에게서 볼 수 있는 관념보다도 더 올바른 관념을 보급시켰다"[29](강조는 인용자가 함.)고 자부한다. 최고의 정신적 교양을 갖추기 위해서는 무엇보다 고전을 읽어야 한다는 '상식'을 밀은 무엇보다 역설한다. 밀을 진보주의자로 볼 것인지 보수주의자로 볼 것인지는 어떤 기준에 의하느냐에 따라 다를 수 있지만, 고전을 강조한다는 의미에서 그를 보수주의자라 부른다면 그것은 틀린 말이 아닐 것이다. 그리고 이런 의미에서라면, 스마트폰을 비롯한 첨단 디지털 기술의 발달이 오히려 인간의 두뇌 사용을 막아 '멍청이들의 세상(idiocracy)'을 초래하는 26세기 인류의 상황을 그린 영화에 의해 풍자되고[30], 인공지능이 소설을 쓰고 음악을 창작하는 것을 보며 인간의 진정한 인간다움의 의미를 근본적으로 되물을 수밖에 없는 오늘날 현실에서, 밀이 강조하는 고전 읽기의 의미를 새삼 절실히

---

29 존 스튜어트 밀, 『존 스튜어트 밀 자서전』, 최명관 옮김, 창, 2010, 303쪽.

30 윤석만, "500년 뒤 지구엔 바보만 남는다, 왜", 〈중앙일보〉, 2017. 1. 6, 〈http://news.joins.com/article/22262967〉, (2017. 1. 7).

생각해 보지 않을 수 없다. 옮긴이가 정치경제학 저작인 밀의 '고전'『사회주의론』에서 특히 그의 인간학에 주목하는 것도 이런 의미에서다.

존 스튜어트 밀의 사회주의론

초판 인쇄 | 2018년 2월 14일
초판 발행 | 2018년 2월 16일

지은이 존 스튜어트 밀
옮긴이 정홍섭
펴낸이 최종기
펴낸곳 좁쌀한알
디자인 제이알컴
신고번호 제2015-000058호
주소 경기도 고양시 일산동구 장항로 139-19
전화 070-7794-4872
E-mail dunamu1@gmail.com
ⓒ 좁쌀한알, 2018

ISBN 979-11-954195-5-5   03340

이 도서의 국립중앙도서관 출판예정도서목록(CIP)은 서지정보유통지원시스템 홈페이지(http://seoji.nl.go.kr)와
국가자료공동목록시스템(http://www.nl.go.kr/kolisnet)에서 이용하실 수 있습니다.(CIP제어번호: CIP2018005432)

판매·공급 | 한스컨텐츠㈜
전화 | 031-927-9279
팩스 | 02-2179-8103